這樣的房子不安全

實例解密

結構達人教你鑑定出房屋真相

曾慶正、張惠如　著

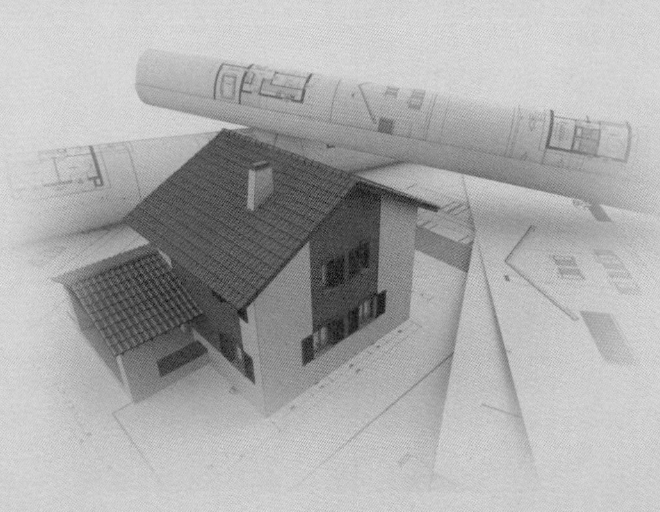

目錄

02 房屋鑑定眞實案例篇 —— 083

這樣的問題房屋你遇過嗎？

03 房屋結構進階篇

如何挑選結構安全的房子

推薦人的話——

房子必須是安全的

台大土木系工程法律與產業發展研究中心副主任
王明德教授

假如您要買房子，對房子的安全與品質有疑慮，請您先看完此書再決定要不要買；

假如您要整修老房子，不知如何加強結構安全，請您先看完此書再決定如何整修；

假如您要租房子，對房子的安全與品質不瞭解，請您先看完此書再決定要不要租；

假如您要賣房子，想要加強結構安全與品質，請您先看完此書再決定如何加強。

「有土斯有財」，簡單說明了台灣百姓對房子的看法。房子可能是我們一般家庭必備的重要財產，它不但提供各種活動（如居家、辦公、學校、娛樂、醫療、廠房等）所需的空間與必要的功能，也是保值的重要工具。

要能達到上述的功能，最重要的前提是：**房子必須是安全的**。假如房子的結構安全有問題，誰會安心的在其內進行活動？結構或使用品質有問題的房子，不但無法提供使用者所需的功能，更可能帶來房價的貶值或不幸的災難。因此，我們無法忽視房屋結構與房子使用品質的課題。

根據調查，台灣每年新建建築物戶數約占全體所有建築物戶數的三％，其中屋齡超過三十年的約占全體的三〇％。一般人都知道，房子的安全與屋齡有關，房屋隨著時間過往，建材歷經風吹雨打，材料逐漸老化，抵抗強度隨之減弱，因此房子的安全性也逐漸下降。實際上，房子的安全，與其規畫、設計、施工、使用、維護等因素有關，但這些因素如何影響房子的安全卻非一般人所能辨認。一般而言，大專院校的建築或土木科系之學者，比較注重新建工程所需工程知識之研究與知識傳承。但老舊建築物則因建材已有老化現象，或不同的維護狀況及使用行為，通常更需要兼具理論與實務的專家方能判斷其安全性與使用品質。

本書作者，專攻建築結構，從事結構設計諮詢服務與工程鑑定服務超過三十年，其專業受同行的尊重、服務受大家的認同，曾榮任中華民國結構技師公會的理事長，服務社會多年，有極佳口碑。作者將過去親自參與九二一地震與許多老舊房屋結構安全鑑定的經驗，彙整成書，希望嘉惠許多非建築或土木工程背景的讀者，幫助他們認識房屋結構安全的重要性，及如何粗略判斷老舊房屋的安全性與品質水準，以面對有關房屋安全與判斷屋況品質的課題。

這本書是作者繼去年廣為讀者喜好、極為暢銷的作品《這樣買房子最安全》的續篇，主要是談如何進行房屋鑑定及鑑定案例。作者眞實經歷，娓娓道來，實務敘述中穿插著專業與常識，在輕鬆行文下當爲讀者帶來饗宴，不知不覺中讓您有機會住得更安心。

推薦人的話——

找「對」的專家，買「對」的房子

曾令雄總經理
新東陽營造股份有限公司

正常的房屋，壽命少說數十年，甚至上百年的也所在多有。房屋不僅是耐久財，還關係到人們生命與財產的安全。

你可能不知道，除了民眾自己的購屋能力、區域選擇、居家環境、房屋類型等非結構性的購屋考量外；房屋的結構設計、營建監造、施工過程、複雜的營建法規、專業人員素質與制度、執法官員做事心態、報章雜誌的扭曲與錯誤報導等等，太多太多的因素，通通都會影響到住宅的結構安全及品質。

所以，「保障民眾居住安全」，談何容易！我身爲資深營造人，老實說，買房子不難，買到好房子，眞的很難。

筆者曾慶正先生，同我一樣，在這個戰場奮戰多年，是資深結構老兵，曾擔任過結構技師公會全國聯合會的理事長，從事結構專業工作三十餘年，負責過許多知名建築個案的結構設計、審查、鑑定等事務，實務經驗何止豐富二字可言。

九二一大地震後，他曾積極勘查災變現場，幫忙鑑定倒塌房屋的損害情形及破壞原因，四處奔走的身影，令人印象深刻。

由倒塌損壞的房屋中，看到許許多多結構系統規畫與設計的缺失，因偷工減料引起的工程品質不良等問題，同時在搜救現場中，強烈感受到喪失親人與財產的傷痛，讓身爲結構技師的曾慶正，更加積極投入「保障民眾居住安全」的行列，爲提升營建工程品質而努力，展現出「捨我其誰」的勇氣與擔當。在我眼中，他具有悲天憫人的職業良知。

找「對」的專家，買「對」的房子

繼《這樣買房子最安全》一書發表之後，曾技師再次將職業生涯中常見的房屋鑑定案例娓娓道來，使讀者能在長期法律制度不完善的大環境下，增加自己辨識房屋安全性的能力，維護自家權益。尤其是發現房屋有安全疑慮時，這本書絕對能幫助你及時且正確的找到「對」的專家協助，半生積蓄不致泡湯，生命安全不致受到威脅。

最難能可貴的是，本書以實際案例說明結構鑑定知識，使一般人得以一窺專業「眉角」，像內行人一樣提出方法，積極維護權益。而從事營建工程相關的專業人士，也得以藉此書複習學理，並進一步將學理與實際運用連結。別小看這個功夫，能將實務與理論結合，必須整合許多線索，結合各種學理，將外行人引入門、內行人看懂門道，可不是件容易的事。

最吸引我的，是這本書不僅對受損案例點明準確的結構安全勘察與受損原因，也具體提出哪一種結構補強與修繕方法，是合宜有效的，非常實用。

看完這本書，我有三點心得與大家分享：

1. 購屋時，瞭解房屋結構狀況，可以避免買到耐久性能不佳的房子，還能做爲議價手段，決定購買與否。
2. 裝潢時，不要傷害到結構安全，適時加以補強，增加耐久性，確保裝潢投資的持久性價值。
3. 附近有工程施工時，瞭解房屋現況與施工影響，藉以維護自身生命與財產的安全。

發生在你我周遭的房屋大小事，這本書都可以找到，以說故事的方式，分析問題、找出原因、處置經過，眞心向你推薦，這是一本淺顯易懂，值得閱讀的好書。

推薦人的話——

重視房屋的疑難雜症

黃世建教授
國立台灣大學土木系

「選購一個安全的窩，建立一個舒適的家」是許多人奮鬥的理想，但在買屋的道路上卻荊棘叢生、陷阱處處，而在維持房屋安全上亦需住屋者不斷的努力。購屋者的權益常在資訊不足或業者惡意欺瞞下，橫遭侵害。在維持住屋安全上，又常需與不具善意者周旋。尤其是房屋本身巨大的價值，常令住屋失利者的痛苦刻骨銘心，故保障住屋者之權益是非常重要且迫切的。

這種保護之責任固然和政府與企業密不可分，但住屋者自身的參與和爭取亦不可或缺。本書即本著提供及傳播房屋安全資訊之理念，闡述了維持房屋安全必備的知識，使住屋者能掌握充分的資訊，做出明智的決擇。尤其特別的是，本書採案例說明的方式展示，故而條理分明，清晰易懂。

本書先就大處著手，指出房屋鑑定之時機及申請方式。其次，立即輔以房屋鑑定之實例說明。最後，再補充房屋安全之實用知識。其內容包括施工造成鄰房沉陷、裝潢惹禍、抓漏防水、拒絕海砂屋、頂樓加蓋、住家改店面、震損鑑定、未按圖施工，以及判斷房屋安全之知識等。相信這些揉合專業知識並以口語化表達的房屋安全知識，必能讓一般大眾趨吉避凶，獲得應有的公平與權益。

本書作者曾慶正先生從事結構專業並致力於房屋安全的追求近三十餘載，曾先生之專業能力早獲結構工程界之肯定，其曾任結構技師公會全國聯合會理事長。爲使房屋結構安全更獲重視，曾先生平時即對提高結構技師尊嚴不遺餘力。若有震災發生，他更親臨現場勘察，以學習震損教訓並追求更安全的設計。前些年台灣地區海砂屋事件頻傳，舉凡士林福林家園、蘭嶼國宅、桃園正光花園新城、及台北延壽丙區國宅等案例，均見曾慶正先生踽踽於途，爲爭取住戶應有的權益而努力。現在政府對既有的公有建築正在執行大規模的耐震補強計畫，舉凡制度的建立與技術的檢討，均見曾先生戮力以赴的努力。曾先生多年的結構工程經驗與學識，對耐震補強計畫品質之提升有極大的貢獻。

今日欣見曾先生出書檢視當前房屋安全可能罹患的疑難雜症。相信此書會對買屋、賣屋、裝潢與改建之行爲注入新的變數，讓住屋者增加一些辨識的能力，也使每一位民眾都開始重視居住的安全。而這種經驗的累積，應該會對社會造成一些改變和進步。

推薦人的話——
你能不買這本書嗎？

蔡志揚律師
律州聯合法律事務所

市面上有很多寫房屋安全的書籍，能寫到像本書這麼深入的，通常都是深奧難懂，要寫得淺顯易懂又不失專業，實在很不容易，而這本由業界最棒的專家和文筆生動活潑的作家共同完成的作品，就是這麼厲害的一本書，很能滿足各方的需求。一方面可以像在看故事書一樣，每一則案例和提醒都相當有趣，讓人想一口氣看完；另方面在這過程中，又能夠學到很多專業知識，尤其是攸關自己身家財產安全的重要知識！再則當下就已經遇到問題的讀者，也能立即獲得解答。花幾百塊買一本書，可以獲得這麼多好處，實在是非常值得！

作者曾慶正結構技師，曾任中華民國結構技師公會全國聯合會理事長，是當今對於建築結構最權威的專家之一，不僅是我十分敬重的業界先進，也是相交多年的前輩友人。曾技師將其三十餘年豐富的鑑定經歷，一一轉化成書中躍然紙上的案例故事，每一則「結構技師的眞心話」，看了都令我有很深的感觸，因爲許多無謂的風險與紛爭，在我們看完這本書後都有可能輕鬆化解。

還記得前些年本人的事務所在裝潢的時候，因裝潢公司在公共空間的牆上鑽了一個大洞而遭鄰居質疑，幸而曾技師出面向鄰居分析解說鑽孔的影響，因此消弭了一場可能的紛爭，也維繫住與鄰居之間的情感。除此之外，在我處理的很多件官司中，多半是因爲當事人不知道有這本書所提到的專業知識或是因應方法，因而衍生後續複雜難解的糾紛，終致對簿公堂，甚至鄰居間彼此互相仇視的悲劇。

所以，這本書對我們一般民眾眞的是太重要了，看完後你會發現有時候只是一個習以爲常、不經意的小動作，就產生了影響深遠的「蝴蝶效應」，而有時候只要藉由一個簡單的小動作，就能免除一場可能發生的巨大禍害。

因此，聰明的你，能不買這本書嗎？

自序一 讓結構安全成爲生活教育的一環

曾慶正

最初，出書談房屋結構安全，完全是被動的，是出版社的主意，因爲書的版稅對我的事務所經營來說，根本是虧本的生意。可是第一次出書之後，讀者的回應與多方邀約演講的熱絡經驗，讓我驚訝與體悟，原來艱深的房屋結構原理透過細心的馴化，竟然可以得到民眾這麼熱烈的回響！更讓我驚覺想要改善工程界的亂象，除了和難以理解的民意代表與政府官員周旋之外，還可以嘗試從廣爲宣傳、教育社會大眾著手。

地震頻繁的日本，地震本身就是一種結構安全活生生的教育，因爲災害遇多了，人們自然重視工程品質。大約在民國八十年到八十八年九二一地震發生的那段期間，全國的結構技師們，從立法院、營建署，到地方民意代表與政府官署，四處奔走，告訴大家，除了呼籲修改法律機制不完善的地方之外，也要求落實既存關於房屋結構安全的法律條文。因爲有法律總比沒法律好，但是有法律沒有執行，就跟沒有法律是一樣的。同時技師們也指出台灣已經很久沒有發生大地震了，推測不久的未來出現的機率很高，請大家上緊發條，趕緊落實房屋結構設計及監造應由結構專業技師辦理的法律條文，並加強既存房屋耐震能力的重新檢視。結果推一步政府做半步，而九二一地震來了！直到現在還沒有完全落實專業分工的基本安全要求。

此外，目前工程界盛行於混凝土中添加高比例的爐石飛灰粉取代水泥，利之所趨，無視於法規及設計規範的要求，我實在非常憂心。其氾濫的主因在於不易檢驗出眞正的爐石飛灰粉含量。因此強烈建議政府嚴格規定生產爐石、飛灰的業者（主要業者應該是中鋼與台電），應於生產之爐石、飛灰粉末中，添加工地易於檢驗的指示藥劑，以確保工程品質，違者重罰。現今許多公共工程的柱或柱墩，可以看到大量的不規則裂縫與修補痕跡，這些情況誰都說不準它眞正影響程度，只怕將來大地震搖垮鼓吹者的謊言，但爲時已晚，那時知道又能如何呢？

人們總是健忘的，大地震過後不過十餘年，慘痛教訓已漸淡忘，而重視工程品質不可以一曝十寒，我們都不希望老天爺用大地震來提醒大家，我想再度寫書叮嚀大家如何確保自己的權益與安全保障，應該是一個好方法。藉由民眾對工程品質的重視，給予政府以及工程界每一個人更加敬業的壓力，包括我自己，期望這個壓力能使我們的工程品質向上提升。

在倦勤的年齡寫完這本書，感覺寫這類的書籍太累了，將來我或許不會再寫了，若寫的話頂多一、二本吧？回想三十餘年來在工程界，我除了用心提供自己的專業服務之外，有餘力時也爲工程制度改革而努力。只因眞正從事專業服務的我們，知道工程界的癥結，也因爲不是捧別人的飯碗，我們有勇氣、有能力去宣導並推動改革。在努力的路程上，雖然大環境的束制使眞理難以伸張，但是遇到許多可敬的技師、工程師、建築師、營造商與建設公司老闆，以及非常多的土木系、營建系的教授與系主任，也有令人感佩的政府高級官員，官拜工務局長、營建署副署長、行政院公共工程委員會主任委員、行政院政務委員。爲感念他們，以這本書向他們致敬！

01 房屋鑑定入門篇

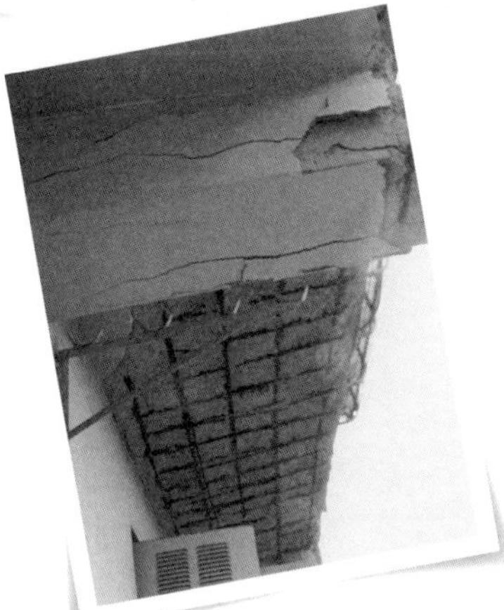

1. 房屋為何要做結構鑑定？
2. 哪種房屋透過鑑定，索賠容易成功？
3. 哪種房屋鑑定困難，不易索賠？
4. 如何申請房屋結構鑑定？
5. 申請鑑定一定要知道的事？
6. 十大鑑定房屋結構利器

想買房子嗎？不管負不負擔得起，大多數的人，答案恐怕都是肯定的。誰不想擁有自己的窩呢？

東方人特有的「有土斯有財」、「安土重遷」的觀念，讓買房子變成人生大事。近年來，購屋更成爲投資理財的重要工具之一，房地產儼然已是經濟景氣的風向球。

花大錢買下的窩，或許未來二、三十年都將因此而背債，住進去後，才發現問題一大堆——磁磚裂了、樑柱歪了、混凝土剝落了、鋼筋腐朽了、房子漏水了……怎麼辦呢？

或者買到好房子，卻碰到壞鄰居，整修裝潢，侵門踏戶，嚴重傷害你的權益，該如何是好？

再不然，買到風生水起的好福地，附近新蓋大樓一大堆，別人起高樓，你卻樓塌了，因附近工地施工而房舍受損時，又該向誰申訴？

不要遲疑，不管遇到上述哪一項問題，申請房屋鑑定，都是你必須且立即該做的選擇。

以下這一篇章，將告訴你房屋鑑定的重要性、如何申請鑑定、以及種種鑑定須知，不管手頭有沒有房子、最近想不想買房子，這些切身且實用的課題，千萬不要錯過。

1. 房屋爲何要做結構鑑定？

☑ 結構鑑定，是確認屋況的最好方法

一家跨國連鎖大型企業，到台灣開拓新據點，委託房仲業者獵取店面，開出的條件除了地點要好以外，就是：**「請先為房子做結構鑑定」。通過鑑定的，才列入考量。**

爲什麼這群老外這麼重視結構鑑定？因爲這是確知房屋現況最好的方

法。但在國內，僅僅爲了租屋就做房屋鑑定的，少之又少，許多人都讓自己的權益睡著了。對於正常經營的公司而言，假如公司的房屋結構出了問題，無論是員工安全出差錯需要賠償，或是公司無法正常營運導致履行合約或營業延遲的損失，可能比買一棟房子還要貴。

其實不管買屋、賣屋或是租屋，先爲房屋做鑑定，等於替未來想入住的房子買一張全身健康檢查的保險。倘若鑑定結果一切OK，代表這是一棟可長可久的好房子，健康又長壽，身價因此提高；假設檢查出問題來了，可在買賣契約擬定前踩煞車，避免日後的種種糾紛，屋主也能盡快爲出毛病的房屋做修復補強，造福下一位買主。

所以，除非一輩子不買賣、不租賃房子，否則，一定要認識「房屋鑑定」這個厲害的武器。

☑ 有以下狀況，你最好做房屋鑑定

房屋鑑定，不外乎以下四種狀況：

1. 想要瞭解自己房屋現況：

這是最單純的情況，尤其在大地震發生過後，會有不少人擔心住家安不安全，進而申請房屋鑑定，及早發現問題後，雇工修復，避免老窩在下一次地震來臨時倒塌。

這種例子很多，九二一地

九二一地震某個社區的柱子損壞情形，這整個社區必須做耐震評估與補強，以免下次地震受害

震、三三一地震時嚴重損害或倒塌的房子，在之前發生的地震中幾乎都有局部損害，但是屋主不是輕忽嚴重性就是所託非人，只做簡單的修修補補，如加幾支鋼柱或樑柱包鋼鈑，並未委請眞正的結構技師做檢查、評估鑑定及補強設計，沒把握老天爺送來的警告訊息，以致逃不過大地震的檢驗。

2. 買到瑕疵屋：好不容易買棟房子，卻發現有重大瑕疵，或許是房屋漏水、傾斜

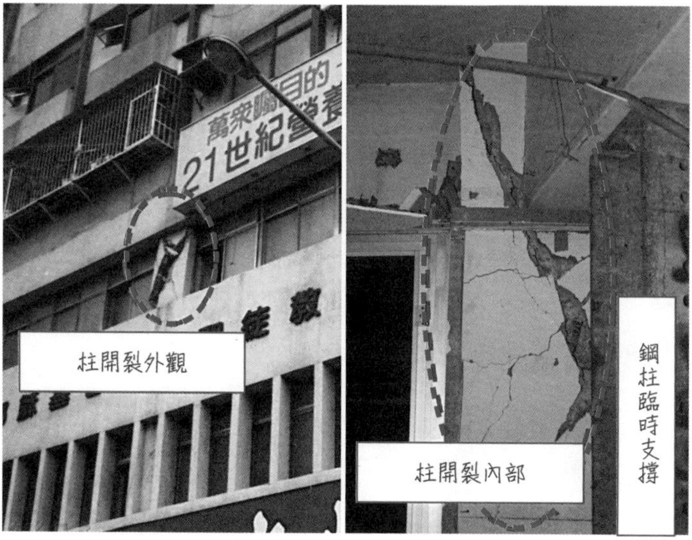

九二一地震北部某大樓損壞的案例，已拆除重建

龜裂（注意：傾斜不一定會龜裂）；或者是海砂屋、輻射屋等等，這時就必須委託鑑定，讓專業技師出證明討公道。

最好在屋款尚未交付前，若屋款已交付部分或全部付清，讓賣主退屋還錢恐怕很難，就得直接進入下一個狀況。

3.和別人有買賣糾紛：這是上一個問題的延伸。通常也是因爲買了房子後，才發現屋況有問題，退屋還款不成，憤而提出訴訟。既然走上法律途徑，肯定要

九二一地震某大樓因未依法規設計導致樑柱接頭損壞，目前已拆除重建，這是最明智的決定

祭出房屋鑑定這張王牌，讓有問題的屋況在專業技師認證下，取得公信力，增加手中打官司的籌碼。尤其面對的是大型建設公司時，房屋鑑定更是必要手段。

4. 附近有工地施工造成損害：房地產欣欣向榮，大型建案如雨後春筍，一個個冒出來，首當其衝的，便是附近的中古屋。尤其在軟弱土層做深度開挖地下室時，最容易損及鄰房。所以現在大型建案、或是重大公共工程在動工前，會主動幫附近民宅做「施工

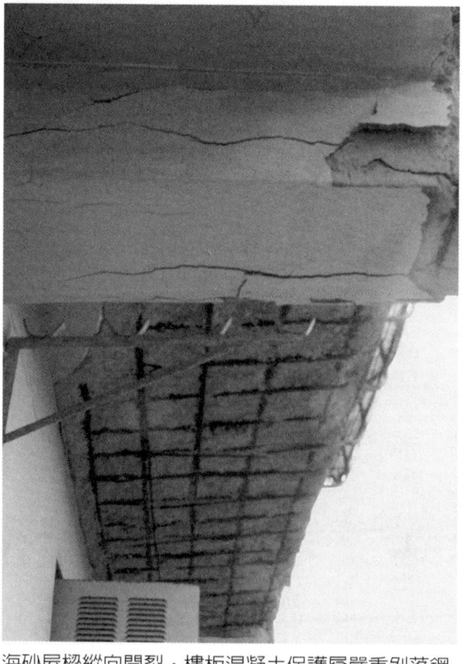

海砂屋樑縱向開裂，樓板混凝土保護層嚴重剝落鋼筋鏽蝕

地下開挖工程損害鄰房

前現況鑑定」，做爲日後糾紛的比對依據。

施工中工地鄰近的房子若已發生損害糾紛，再辦理「結構安全鑑定」，這時的鑑定應包括標的房屋的結構安全性評估、修復費用評估、損害原因研判與責任歸屬。但是由於營建單位本身通常都擁有鑑定技師執照的員工，若自己鑑定自己，你想會有多公正？

所以現行法令保護受損戶可以自行指定鑑定單位，找有公信力的技師公會成員，不必接受建設公司、或公務單位提出的鑑定技師名單，以確保鑑定結果的公平性，當然，所有鑑定費用都由施工單位負擔。

☑ 損害糾紛，房屋鑑定是必要手段

總而言之，不管是自己正在住的房子，樑、柱、牆、樓板裂縫，甚至房屋傾斜、漏水漏不停，想要找出元兇防堵修復；或是房子遭外力損害，究竟是附近工地施工造成的？還是原先施工設計圖有疏失？再不然建商偷工減料沒蓋好？種種建築物損害原因，利用專業技師經驗，加上科學儀器，幾乎都能原形畢露，研判出問題所在，這就是房屋結構鑑定的最大功能。

尤其是在房屋損害責任牽扯不清、兩方或多方爭執不下時，專業技師出具的「鑑定報告書」有法律效力喔！它能清楚說明損害責任歸屬、修復建議及重建費用評估，是法官在判決賠償費用時，相當重要的依據。

2. 哪種房屋透過鑑定，索賠容易成功？

上一篇提到有四種狀況的房屋需要做屋況鑑定，除了第一種沒有任何賠償問題以外，其他三種，或多或少都有爭議。在做完房屋鑑定後，哪一種申訴成功的機率最高？

依據我三十餘年來的經驗，施工損鄰糾紛案，也就是第四種鑑定型態，最容易獲得賠償，成功率幾乎達到百分之百，是鑑定案的最大宗，案件數量大，至少佔所有鑑定案的七成之多，理賠效率也高。爲什麼呢？

☑ 政府讓你靠，積極處理損害陳情

因爲公權力會積極的介入施工損鄰糾紛案。

政府站在受損戶這一邊，協助施工鄰房後續的索賠事項。不僅法律條文

齊備，像台北市有「建築施工損鄰事件爭議處理規則」、新北市有「建築物施工損壞鄰房事件處理程序」、台中市有「建築物施工損鄰爭議事件處理要點」、高雄市有「建築工程施工損壞鄰房事件處理程序」等，其他的縣市政府也有類似法令，處理規定具體清楚，更有專責機構如建築爭議事件委員會統一負責，民眾得到補償的成功率就變大許多，很多糾紛，根本還沒進法院前就解決了，**比起打官司曠日費時，這是一條賠償的快速道路**。只要民眾提出陳情，很短時間內便會獲得解決，通常不會拖過一年。

之所以效率這麼高，因爲政府手中有張大王牌，使施工單位不得不低頭，盡快和受損戶達成和解，那就是不核發使用執照。

政府利用公權力扣住施工廠商、營造廠業主的使用執照，除非他們積極處理與周邊民宅的房屋損害糾紛、並召開協調會，否則就不讓建物使用執照過關。

☑ 政府扣住建商使用執照，確保損鄰糾紛解決

買過預售屋的人都知道，買房子是預付款，沒有利息問題，但等到房子交屋，建設公司把房子交給購屋者開始，購屋金額要全數交付，開始有貸款利息了。在這之前，興建房屋所需款項的利息壓力，全部壓在建商那一邊，除非他們能盡快把房子交給消費者，讓借款壓力轉嫁過去。

但是，結構體完成了，外貼磁磚、石材、油漆、粉刷、鋪地磚、做水塔、裝水電、裝修工程、各項功能都齊備了，房子可堪正常使用，並不代表建商就能把房子交給購屋者，除非它能拿到政府核發的使用執照，否則空有美麗城堡也無法賣錢交屋。

大家絕對無法想像，蓋房子要花多少錢！

土地成本、營造成本、材料成本、規畫設計成本、勞力成本……，林林總總加起來，就是天文數字。除非財力特別雄厚的大財團，先建後售，否則

向銀行借的大筆款項，利息非常可觀，晚一天拿到使用執照，表示晚一天交屋收尾款，自己要多承擔一天的利息，有腦子的建設公司都知道別和政府作對，和陳情的鄰房受損戶達成和解協議，越快越好，拖拖拉拉對建商不利。

除非兩方要求差距過大，歧見太深，否則通常都能獲得解決。剛開始，一堆受損戶共同聯名陳情，會發現堅持的人越來越少，到最後只剩小貓兩三隻，原來都被建商各個擊破啦。

☑ 提出損害陳情前，一定要先做房屋鑑定

類似的施工損鄰爭議案件，提出申請辦法非常簡單，但是前提就是：得有一份工會、學術研究機構、或具備專業技師資格具名的房屋鑑定報告書，證明房屋的確受到施工損害。以「台北市建築施工損鄰事件爭議處理規則」爲例，這份報告書上應包括下列項目：

1. 鑑定申請人。
2. 鑑定標的物所有權人及其座落。
3. 現場鑑定會勘紀錄及雙方意見。
4. 鑑定日期及工程施工進度。
5. 鑑定要旨及依據。
6. 鑑定標的物構造、使用情形及現況。
7. 鑑定內容：損害之項目、數量、損害修復鑑估之項目、數量、單價及費用。
8. 鑑定結果：結構安全評估及損害責任歸屬。
9. 鑑定結論與修復建議。
10. 鑑定人及複審人員簽章。
11. 符合第十二條規定文件（鑑定機構條件）及鑑定人資格、專業證照字號。
12. 損害情形相片、紀錄及圖說。

☑ 掌握陳情時間點，逾期無效

如果你家附近有大型工程施工，房子就開始這邊裂、那邊漏的，不要坐困愁城，趕快申請房屋鑑定，然後照著以下步驟尋求支援：

第一步，聯合幾名住戶成立自救會、或透過社區管理委員會寫陳情書，向政府的都市發展局提出申請（各縣市權責單位有所不同，某些縣市是屬於工務局的業務），也可以找當地熱心的民意代表協助。要小心喔，找到的民意代表千萬別是包工程起家的，本身就有建設公司股份，可能會有利益衝突。

只要政府受理陳情，會從受理之日起的七天內，通知工程起造人、承造人及監造人會同受損住戶，共同會勘房屋現場，若是被認定情節屬實，又有危害公共安全疑慮的，將依據建築法第五十八條勒令停工呢！住戶的權益至少獲得初步保障。

千萬記住陳情時間不要拖！如果拖到新建工程已完成屋頂版、並且向主管機關申報勘驗，那就「去了了」，連政府也撒手不管了。所以**提出陳情的時間點很重要，務必在對方屋頂版完工一個月內才有效**。

以下附錄新北市政府「建築物施工損壞鄰房事件處理程序」中，有關陳情戶的作業流程，供作參考。

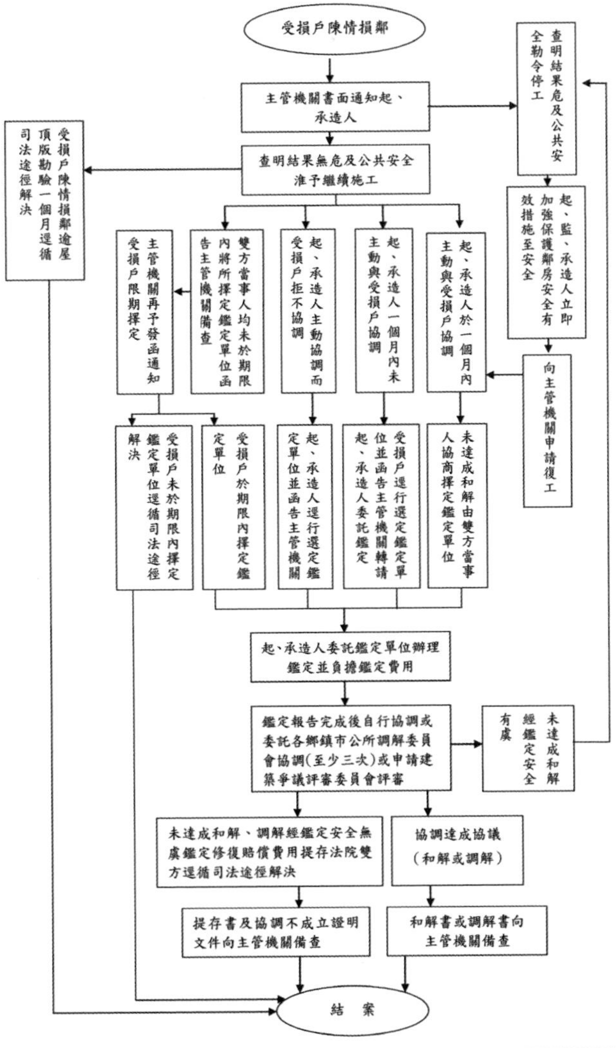
受損戶陳情損鄰
主管機關書面通知起、承造人
查明結果危及公共安全勒令停工
查明結果無危及公共安全准予繼續施工
受損戶陳情損鄰逾屋頂版勘驗一個月逕循司法途徑解決
起、監、承造人立即加強保護鄰房安全有效措施至安全
向主管機關申請復工
起、承造人於一個月內主動與受損戶協調
起、承造人一個月內未主動與受損戶協調
起、承造人主動協調而受損戶拒不協調
雙方當事人均未於期限內將所擇定鑑定單位函告主管機關備查
主管機關再予發函通知受損戶限期擇定
未達成和解由雙方當事人協商擇定鑑定單位
受損戶逕行選定鑑定單位並函告主管機關轉請起、承造人委託鑑定
起、承造人逕行選定鑑定單位並函告主管機關
受損戶於期限內擇定鑑定單位
受損戶未於期限內擇定鑑定單位逕循司法途徑解決
起、承造人委託鑑定單位辦理鑑定並負擔鑑定費用
鑑定報告完成後自行協調或委託各鄉鎮市公所調解委員會協調(至少三次)或申請建築爭議評審委員會評審
未達成和解經鑑定安全有虞
未達成和解、調解經鑑定安全無虞鑑定修復賠償費用提存法院雙方逕循司法途徑解決
協調達成協議（和解或調解）
提存書及協調不成立證明文件向主管機關備查
和解書或調解書向主管機關備查
結 案

☑ 賠償速度快，不代表賠償金額合理化

因爲施工損及鄰房、進而提出鑑定、並且獲得賠償的速度雖然很快，以北市、新北市爲例，成功率也高，但是不代表賠償金額會讓人滿意。

依照台北市工務局審定的「建築物工程施工損害鄰房鑑定手冊」規定，損害修復費用的評估，通常是杯水車薪。尤其是當房屋傾斜到不堪使用的地步時，頂多加一個使用不便的賠償費，把最需要的扶正費用刪除了，不盡合理。

其實在四、五年前，受損房屋的扶正費用並未被刪除，或許因扶正費用過於高昂，或許有太多失敗的例子，尤其對沒有地下室的房子來說，灌漿扶正的壓力沒調整好，灌漿沒控制好，一樓樓板會隆起裂開，效果不彰，所以在修訂時把它刪掉了。

☑ 房子重建賠償費，原價的三到四成

讓我們進一步以房屋傾斜受損時，能拿到的錢，來說明這個賠償金額你能不能接受好了。

傾斜率就是建築物高度與偏移量的比值（屋頂偏移量除以房子的高度），若建築物高度為一百公尺，傾斜一公尺，傾斜率就是百分之一。

將樓版高度差除以房子的長度，假設房子長度十公尺，百分之一是十公分，表示房子前後高低差十公分。肉眼雖然看不出來，較敏感的人可能會頭暈腦脹；當房子傾斜率達到四十分之一，根本站都站不穩，怎麼可能住人呢？

假想一下：房子內部地板是斜的，門打開會自動合起來，門窗關了就開不起來，把樓板墊高拉平，牆壁還是歪一邊，天天都感覺自己平衡感有問題……，這種住家環境，你住得下嗎？

法規規定，當鄰房受損的傾斜率超過四十分之一時，不論其他損害情況如何，應該依房屋重建造價估算賠償費用。這應該算賠很大吧，拿起算盤打一打，就會發現其實「賠很小」。

法訂修復賠償的標準，約是房屋造價的三到四成，以二十坪房屋來算，每坪造價十萬，總造價就是兩百萬，你的房子被損害到不能住了，會得到多少賠償金？約六十萬。

拿六十萬重建一棟新房子？別開玩笑了。

想深入瞭解鄰房損害的修復費用如何估算、及各項給付細節的讀者，建議你參看《台北市建築物工程施工損害鄰房鑑定手冊》（九十五年七月出版），裡面會提供鉅細靡遺的資料。

3. 哪種房屋鑑定困難，不易索賠？

如果說，施工損鄰案是所有鑑定案中，最容易成功的，有制式程序、鑑定手冊可照表宣科；那麼海砂屋的鑑定與確認，就是最難成立的案子了，消費者想告贏的機率較小。

☑ 找不到蓋房子的建商，求償不易

海砂屋的高峰期，落在民國七十年到八十二年間，那時的建設公司股票上市的很少，財務狀況不易受公眾監督，通常是「一案一公司」，幾個好朋友集資找塊地蓋房子，案子推出後把錢分一分，然後就把公司結束掉，若房子出問題，消費者上哪裡去找賠償對象？原有的股東都跑掉啦！「求償無門」，是第一大困難點。

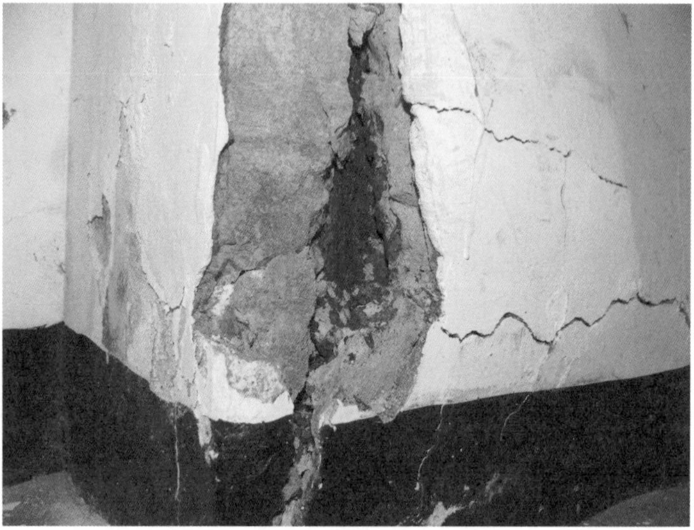

海砂屋柱主鋼筋嚴重鏽蝕開裂，這種情況，拆除重建通常是最佳處理方案

其次，海砂屋是混凝土品質出問題，鋼筋被包覆在含鹽分的混凝土裡，嚴重腐蝕而外露，要做好幾項專業測試，例如混凝土鑽心取樣、中性化測試、混凝土強度測試、混凝土氯離子含量測試等等，才有可能測驗出結果來，過程繁複，費用高昂，並不是件容易的事。

☑ 海砂屋鑑定不易，消費者吃暗虧

先說一說我自己受騙上當的例子吧。

三十年前，大約是民國七十幾年，我在板橋接到一件鑑定案，鋼筋銹蝕程度超乎屋齡，混凝土像雪片剝落，我強烈懷疑混凝土有鬼，想幫屋主作氯離子含量測試，但當時台灣海砂屋問題尚未引爆，沒有單位會做，我用空運送到香港檢測。

混凝土試體非常重，光是運費就讓人吃不消。總共五顆試體，香港方面一顆要價四千，檢測費用共兩萬，當年買一個現在俗稱「花蟳」的三十幾萬勞力士名錶也才十萬出頭，這項檢測費用就花了我五分之一個名牌手錶的價錢！

重點是：香港的檢測報告出爐，表示混凝土氯離子含量一切正常，結果事後卻證明那是一棟不折不扣的海砂屋。其間的差距就在於香港採用英國標準，政府規範與台灣根本不一樣。

所以海砂屋鑑定採樣雖然很重要，鑑定結果卻不容易檢測。再加上國內直到民國八十三年，CNS國家標準才正式明定混凝土中氯離子含量規定，常常被房仲業者曲解成八十三年之前蓋的房子沒有氯離子含量規定，這是睜眼說瞎話，消費者因此吃了悶虧。

☑ 鑑定成功的海砂屋，有改建容積獎勵及費用補助

海砂屋雖然鑑定不易、確認不易、求償不易，但是卻不能輕言放棄使它重生的機會，尤其當房屋有改建契機時，一份有效的房屋鑑定報告書，能大大提高它的成功率。

以政府的立場，十分鼓勵腐蝕嚴重的海砂屋，能拆除改建，所以只要透過專業單位鑑定建築物有白華、析晶、鋼筋腐蝕、混凝土剝落等現象，由技師出具證明為高氯離子建築物，也就是俗稱的海砂屋時，就有種種改建的容

積獎勵及費用補助。若是拆除改建，每戶最高補助二十萬；補強或防蝕處理，最高每戶也能補助十萬元。

海砂屋只要確定重蓋，容積率獎勵可達三十%。

一般房屋改建會有容積率的法令限制，假設原先每樓層面積一百坪，五樓共五百坪，重建後使用面積一定會變少。但是經鑑定確認的海砂屋要改建，不僅容許用原來坪數計算，還會多出獎勵容積率約一百五十坪的面積，這些多出來的面積可以賣錢，貼補房屋重蓋的成本。寸土寸金，怎麼算都划算。（實際法規內容，請參看：「台北市高氯離子混凝土建築物善後處理自治條例」、或「新北市高氯離子鋼筋混凝土建築物處理自治條例」）

有沒有海砂屋改建成功的案例呢？有！台北士林福志路的海砂屋，是國內第一個改建成功的社區大樓。會不會是最後一個？我相信不會。台灣大量使用海砂蓋房子的年代長達十五年，海砂屋是買賣房屋極爲常見的爭端，每個購屋者都可能會遇上，這是一條漫長的奮鬥之路啊！

4. 如何申請房屋結構鑑定？

說了那麼多房屋結構鑑定的重要性，真正有鑑定需求時，該如何著手申請呢？

☑ 申請手續簡單，有制式流程

首先，可以打電話到技師公會詢問相關事宜，公會會傳真一份「鑑定申請書」（如圖）請當事人填寫，依照上面指示填寫完畢，並繳交五千元申請費，基本上就算成案。

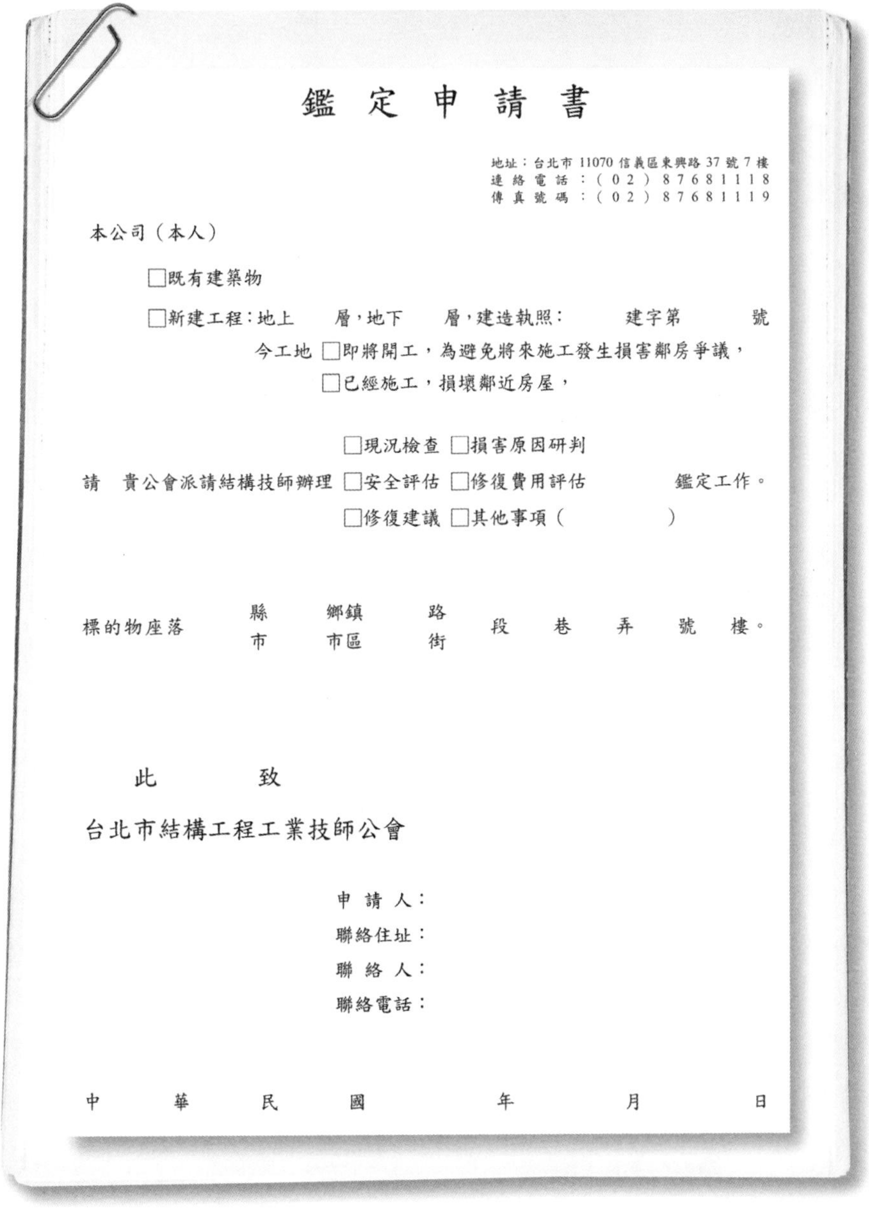

鑑 定 申 請 書

地址：台北市 11070 信義區東興路 37 號 7 樓
連 絡 電 話 ：（ 0 2 ） 8 7 6 8 1 1 1 8
傳 真 號 碼 ：（ 0 2 ） 8 7 6 8 1 1 1 9

本公司（本人）

□既有建築物

□新建工程：地上　　層，地下　　層，建造執照：　　建字第　　號

今工地 □即將開工，為避免將來施工發生損害鄰房爭議，

□已經施工，損壞鄰近房屋，

□現況檢查 □損害原因研判

請　貴公會派請結構技師辦理 □安全評估 □修復費用評估　　鑑定工作。

□修復建議 □其他事項（　　　　）

標的物座落　　縣/市　　鄉鎮/市區　　路/街　　段　　巷　　弄　　號　　樓。

此　　致

台北市結構工程工業技師公會

申 請 人：

聯絡住址：

聯 絡 人：

聯絡電話：

中　　華　　民　　國　　年　　月　　日

以下是「台北市結構工程工業技師公會鑑定申請程序」的制式表格（如附圖），以它做例子，讀者將會更清楚：

1. 塡寫申請書並繳交申請費。鑑定標的物地點在台北市，申請費爲五千元；台北市以外之縣市申請費另計。

2. 公會於接到申請書後，**一星期內指派鑑定技師前往鑑定現場初勘**，並擬定鑑定工作計畫及鑑定費用明細表，即發文通知申請人於三十天內預付；申請人所繳納申請費用可做爲抵繳鑑定費之一部分。**鑑定案件不成立時，申請人所繳納申請費不予退還**。

3. 鑑定申請費：新北市、新竹、桃園、基隆爲六千五百元。
台中市、苗栗、南投、宜蘭、雲林、彰化爲七千五百元。
花蓮、高雄、屏東、台南、嘉義爲九千元。
金門、馬祖、澎湖、小琉球、蘭嶼、及其他特殊地區另計。

4. 如以傳眞方式申請，請傳眞申請書及繳費之單據（匯款單）並**來電確認**。

台北市結構工程工業技師公會鑑定申請程序

一、填寫申請書並繳交申請費，鑑定標的物地點在台北市申請費為伍仟元，台北市以外之縣市申請費另計（詳四）。

二、本公會於接到申請書後，**一星期內指派鑑定技師前往鑑定現場初勘**，並擬定鑑定工作計劃及鑑定費用明細表，即發文通知申請人於 30 天內預付；申請人所繳納申請費用可作為抵繳鑑定費之一部份。**鑑定案件不成立時，申請人所繳納申請費不予退還。**

三、鑑定申請書格式內容如附件，申請人（申請單位）以制式公文格式申請亦可。（本公會未硬性規定申請書格式、申請人可自行用白紙書寫）

四、鑑定申請費：

- 台北縣、新竹、桃園、基隆……………………陸仟伍佰元
- 台中市、縣、苗栗、南投、
宜蘭、雲林、彰化………………………………柒仟伍佰元
- 花蓮、高雄、屏東、台南、嘉義……………………玖仟元
- 金門、馬祖、澎湖、小琉球、蘭嶼、及其他特殊地區..另計

五、鑑定申請費用可依下列方式繳納：

1、郵政劃撥：帳號－07386462
戶名：台北市結構工程工業技師公會

2、銀行電匯：永豐商業銀行－西松分行
銀行代號：807-0069
帳號：006-001-0002490-6
戶名：台北市結構工程工業技師公會

3、支票（即期票）

六、如以傳真方式申請，請傳真申請書及繳費之單據（匯款單）並**來電確認**，謝謝合作！

會址：台北市信義區東興路 37 號 7 樓
電話：02-87681118
傳真：02-87681119

台北市結構工程技師公會鑑定工作計劃表

○年 ○月 ○日

申請人	○○先生
工程名稱	新北市○○路○段○○號混凝土氯離子含量檢測及結構安全評估鑑定
預估工作時間	（預繳費用及提供詳細資料後） 40天
申請人提供資料	1. 建築圖☐ 2. 結構計算書☐ 3. 結構圖☐
	4. 鑽探報告☐ 5. 其它☐
配合工作	1. 鑽探☐
	2. 測量☐
	3. 試驗☐
	4. 其它☑ 混凝土試體鑽心取樣
工作內容	1.標的物損害現況勘察及紀錄。 2.混凝土抗中性化試驗、氯離子含量測試。 3.鋼筋腐蝕速率檢測。 4.標的物結構安全影響評估。 5.標的物修復補強費用評估。
鑑定範圍	新北市○○路○段○○號一至三樓
申請人配合事項	1. 搭工作鷹架☐ 2. 臨時走道☐
	3. 其他☑ 混凝土試體鑽心取樣之水電供應及善後處理。
鑑定報告書本公會及鑑定技師各留一份，二份交申請人，必要時一份交工務局或其他有關機構或對造人，申請人如需增加份數，本公會酌收工本費。	

鑑定人：○ ○○（簽章）

台北市結構工程技師公會鑑定費用明細表

委任單位	○○○先生
鑑定地點	新北市○○路○段○○號
鑑定內容	1.標的物損害現況勘察及紀錄。 2.混凝土中性化試驗、氯離子含量測試。 3.鋼筋腐蝕速率檢測。 4.標的物結構安全影響評估。 5.標的物修復補強費用評估。

鑑　定　費　用

費用項目		數量	單價	複價	說明	
1. 現場勘查及會議出席	技師	3 人次	5,000	15,000		
	職員	2 人次	3,000	6,000		
2. 文書製作費		1 式	10,000	10,000		
3. 混凝土試體鑽心取樣費		9 支	700	6,300		
4. 混凝土水溶性氯離子含量測試費		6 支	1,500	9,000		
5. 混凝土氯離子含量分佈分析測試費		3 支	10,000	30,000		
6. 混凝土抗壓強度試驗費		支				
7. 混凝土中性化測試費		9 支	200	1,800		
8. 鋼筋腐蝕機率檢測費		6 處	2,000	12,000		
9. 研判費		1 式	110,000	110,000		
10. 公會複審費		1 式	14,280	14,280		
11. 公會管理費		1~10 項總和 20%		42,876		
合　計				257,256		

鑑 定 人：○ ○○　　(簽名蓋章)

○年 ○月 ○日

☑ 鑑定費用沒有公定價，視屋況而定

一份具法律效力的鑑定報告書，鑑定費用通常不會小於五萬。

一般開業技師雖然也能出具報告，公信力比不上公會，所以鑑定費用較低，價差約在二〇%至三〇%之間。

不同的建築物狀況，需要做不同的鑑定種類與檢測項目，這是收費的變數，所以房屋鑑定沒有什麼公定價可言，一切視屋況而定。若需要走上法律途徑，鑑定技師要多次上法庭作證、陳述，那麼費用當然會增加。

若是鑑定案不須出具報告、也沒有訴訟疑慮，只是單純請技師給個意見，知道房屋問題出在哪裡，那麼，在勘查現場，技師就會直接告知研判結果與建議，五、六千塊就解決了。

一般來說，鑑定案大，戶數多，鑑定費用就會下降。以海砂屋鑑定案爲例，單戶費用五萬，若一整棟有三十戶，可能平均負擔不到二萬。

這和技術取樣有關，一百公尺一戶，依規定每兩百平方公尺（約兩戶）要取一個樣本，每一樓層最少取三個樣本；若一層有六戶只取三個樣本，而單一戶也要單獨取三個樣本，當然費用會變高。

一個鑑定案的工作天數，最少也要三到四個星期，才能消化從初勘、規畫工作計畫表、請複查委員到現場會勘、照相記錄、試驗取樣、測量、最後出具鑑定報告書，一連串的作業流程。

最後，每份房屋鑑定報告書都是厚厚一大本，這就是屋況赤裸裸的最真實呈現了。

5. 申請鑑定一定要知道的事？

身爲專業的結構技師，做過無數次的結構鑑定，發現某些事情若能讓消費者事先預防，彼此會少走許多冤枉路。以下就是我的眞心建議：

1. 勘查前，多和技師溝通。

溝通非常重要，因爲最瞭解房屋的，不是技師，而是屋主本人。

舉例來說，技師到標的物現場勘查屋況時，是不可能搬動家具的，難免有些地方會遺漏，屋主若能先將屋內家具移開，重要的損害處做紀錄，主動告知到場勘查的技師，絕對會收事半功倍之效。

我曾經遇過一個案主，在每個他認爲有疑問的現場做醒目標籤，標示排序，實在太精采了，現場一目了然，省去我好多功夫。

2.找對專業技師。

房子結構出問題，當然是找結構技師，有人卻去求教跨業別的「××」師，隔行如隔山，專業領域各不相同，這是問診問錯方向。尤其是損鄰糾紛案，很多建設公司本身即擁有許多「××」師，由他們來負責鑑定，你放心嗎？絕對要找有信譽且公正的技師，權益才不會受損。

6. 十大鑑定房屋結構利器

「醫生怕治嗽，土水師怕抓漏」，難纏的症候隱藏在未可知的深處，要讓它浮出水面來，的確不容易。尤其是房子不對勁了，隨便修修補補都是以「萬」計的開銷，若不能立刻抓出症頭來，邊修補邊找問題，那可是錢坑呢。

「房屋結構鑑定」，正是這麼一帖要求「藥到病除」的解方，要讓建築物的毛病無所遁形。有時候就像名偵探柯南辦案一樣，必須不斷的解謎。

正因如此，協助「辦案」的利器出現了！這些高科技產品與技術，好比結構技師手上的祕密武器，解決了許多不幸買到海砂屋、危樓、或遭到鄰房損害屋主的困擾。

到底是哪些測試房屋結構安全的「武器」這麼管用？買房糾紛層出不窮的今天，你實在不能不知道。

樑側直徑5.5cm鑽心試體取樣

1. 混凝土鑽心取樣：想測出建築物混凝土強度夠不夠格，這是必做的鑑定項目。怎麼鑽「心」法呢？

在結構體內鑽一個洞，通常是在樑的側面，取出長度約十四公分、深度約十公分、直徑約五點五公分大小的混凝土樣品做試驗，再用一種叫做「無收縮水泥砂漿」立刻回填。

做法看似簡單，卻必須由結構技師做判斷鑽哪裡合適，

鑽心取樣之前須先掃描鋼筋位置（粉筆標示處）以免切斷鋼筋

取樣位置錯誤會傷害房屋的結構強度，不可不慎。

2.混凝土中性化試驗：這是混凝土取樣完成後作的第一個試驗，可以看出建築物老化的程度。爲甚麼混凝土也會變「老」呢？

混凝土本來是鹼性的，PH值大約十二，在這種鹼性環境裡鋼筋表面會形成一層鈍化膜，能保護鋼筋不會腐蝕。但是在房屋使用的齡期，空氣中的二氧化碳加上水氣，會形成碳酸，侵入暴露在空氣中的結構體表層，日積月累下酸化漸漸深入，使得建築物像人一樣，會自然老化，包覆在鋼筋表面的混凝土，逐漸喪失保護鋼筋的作用。

若混凝土PH值還不到十以下，鋼筋就不容易生鏽，結構體使用年限就不會提早報銷；反之，混凝土過早中性化，鋼筋一生鏽，建築物的耐用能力就降低了。

一般樓版鋼筋的混凝土保護層厚度是兩公分，樑與柱是四公分，混凝土的中性化深度若達到五公分，就表示樓版鋼筋可能已經生鏽了。通常樑柱混凝土中性化測到五公分以上，主鋼筋肯定生鏽，只是混凝土還未剝落而已。

照道理講，建築物中性化是正常現象，好比人一出生就往老邁之路前進一樣，但是中性化速度不能太快，假設十五歲的少年看起來卻像五十歲老頭，不是有病就是保養太差，建築物也是如此。

一般說來，建築物最表層的混凝土要達到中性化一公分的程度，差不多需七至十年；兩公分差不多要二十五至四十年；五公分呢？差不多就是百年以上老宅的老化程度，住在這樣的房子裡，你當然得緊張。

但是近代的混凝土裡面摻了許多高爐石粉或飛灰取代水泥，使混凝土中性化速率快很多，這是值得憂慮的事情。這個問題的演變也許會像民國六十八到八十四年間興建的眾多海砂屋一樣困擾民眾，目前在台灣北部，任何人買成屋都會擔心買到海砂屋。

如下照片爲鑑定當時屋齡已有七十餘年的古蹟，中性化總深度約三・三公分，試體最左邊純水泥砂漿粉刷層厚度約二・三公分已經全部中性化了，混凝土部分僅約一分中性化的深度。可見得粉刷層可以有效地保護混凝土減少中性化。

3. 混凝土抗壓強度試驗：可以試驗出混凝土的強度，這對建築物結構強度有很大的關係，有時候也和鋼筋是否容易鏽蝕息息相關。

無色部分為已經中性化的區域，深色區域尚未中性化

九二一地震嚴重損害或倒塌的房屋，多少都有混凝土強度不足的問題，而且樓房愈高這個問題造成的危害度愈大、傷亡愈多，大家一定要重視。

混凝土強度不足通常和施工灌注混凝土偷加水有關，因爲多餘的水量不但會造成強度折減，也會使混凝土的鹼性降低，使鋼筋的保護作用變差，此時再有氯離子含量過高，海砂屋的現象會加速進行，損壞惡化。

混凝土試體於試驗前先將頭尾上石膏弄平整

九二一地震災害現場也發現很多混凝土膠結不良的情況，這種混凝土破裂後四散成細顆粒或粉末狀，顏色偏白，可以看見微細的白色顆粒摻雜在混凝土塊裡面，甚至有些混凝土塊在腰際高度輕拋落地也會破碎，這種混凝土的強度怎麼可能保障居民安全？

4. 氯離子含量測試：能試驗出混凝土中氯離子的分布情況，海砂屋鑑定缺此不可。

若每立方米混凝土裡面的氯離子含量大於〇・三公斤，肯定就是海砂屋。很多人愛用CNS不同年頒布的版本規定，解釋各時期建的房屋標準不同，以規避海砂屋的認定。他們犯了兩個錯誤，一是法規解釋錯誤，其實所有年代都適用每立方米混凝土氯離子含量小於〇・三公斤的規定，除非鋼筋有作防鏽蝕處理；其次試問，「氯離子含量規定比較寬鬆，難道鋼筋就不會鏽蝕了嗎」？

混凝土試體抗壓強度試驗

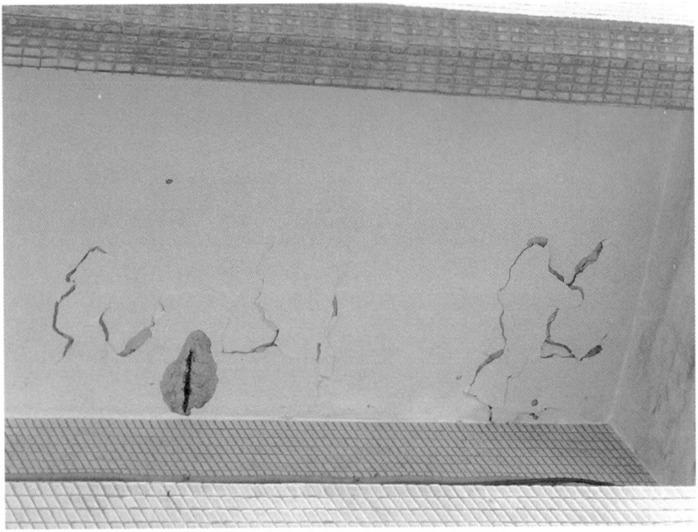

海砂屋樓版混凝土保護層凸起、剝落及鋼筋鏽蝕

5.建物傾斜度測量：房子傾斜用「目測」看得出來，多半已經很嚴重了，若只是稍微傾斜，要如何得知呢？非得請出專業測量儀器不可。

房屋傾斜時要做的測量有兩種，一種是牆柱角的垂直度測量，一種是地坪的水平測量，利用水準儀、經緯儀等專業儀器或垂球觀測法，可讓輕微的房屋傾斜度立即現形。

6.地面高程監測：隔壁在

海砂屋的樑發生縱向裂縫

蓋大樓、或挖公共工程，擔不擔心自己家地基受影響呢？別怕，利用水準儀、經緯儀監測鄰近地面高程，能夠準確測出隔鄰施工時，自家地層下陷的程度。

作法是當緊鄰著您家房子的工地，要開始開挖地下室了，最好先請專業單位預做鄰近地面高程監測，施工後若有地層下陷的疑慮時可以在同樣的位置再測量做比較，隨時注意變化情形，保障安全。

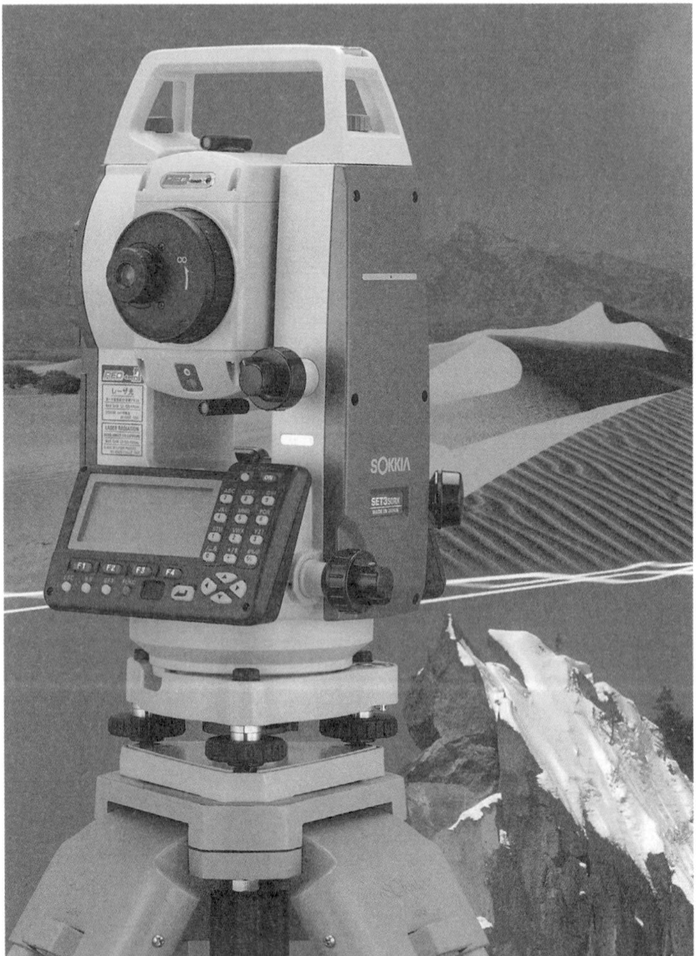

利用水準儀、經緯儀監測鄰近地面高程，能夠準確測出隔鄰施工時，自家地層下陷的程度（大地儀器行提供）

海砂屋的柱發生縱向裂縫

7.鋼筋非破壞性掃描：可看出包裹在混凝土內的鋼筋間距、排列等等的分布情況，究竟和原始設計圖相不相同。

八〇年代，建築業景氣好，大家搶蓋房子，鋼筋是非常重要的成本，有些不肖業者就會偷工減料，該箍六支鋼筋少一支、或是四號鋼筋變成三號，柱子的主筋遠比原始設計圖還要細，消費者是門外漢，被誆了根本不知道。

運氣好的，沒遇上大地震

可保平安；運氣不好的，一次大災難來臨鐵定完蛋。

所以透過掃描，看建商有沒有照設計圖排列鋼筋，是非常重要的檢測項目。

跌倒了，骨頭斷了沒？照張X光片判斷一下。鋼筋非破壞性掃描就有點類似人體照X光，可以顯現水平鋼筋、垂直鋼筋的位置及根數，該粗的粗，該細的細，包商到底有沒有偷鋼筋？一目了然。

這項檢驗的缺點是無法得知鋼筋明確的號數大小。假設工人施工時，把鋼筋並排在一起，掃描結果有些鋼筋變得很粗，號數就會有誤差，因此鋼筋直徑的認定、排列深淺，用電腦程式去解讀會有誤差。

8. 鋼筋腐蝕速率檢測：鋼筋生鏽了沒？關係到結構強度。鋼筋腐蝕速率檢測能測出鋼筋生鏽機，和海砂屋安全性認定有很大關係。

將儀器夾在與建築物的鋼筋相連的金屬物體上面，例如鐵欄杆或鐵窗或

樓板鋼筋非破壞性掃描

直接夾在裸露的鋼筋上，再利用鋼筋腐蝕產生流動電流的電化學原理，來估計鋼筋有沒有腐蝕。

9. 透地雷達掃描：房子蓋在土壤上，基礎土壤有沒有被掏空？或是太過鬆散？地底下土壤的疏、密、鬆、緊，透過透地雷達的「法眼」，一掃便知。

同樣是掃描，透地雷達和鋼筋非破壞性掃描不同，它是

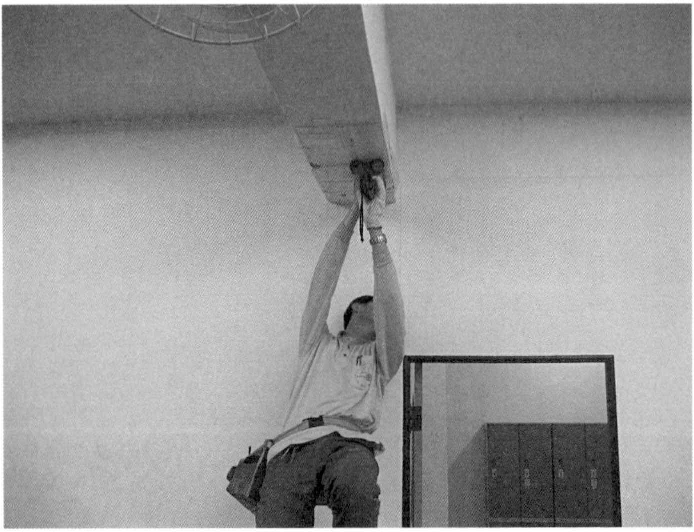

樑鋼筋非破壞性掃描

剖面圖形，能掃描到達二十至三十公尺深的地底，土壤的堅實度如何，雷達的反射波紋會有不同反應，疏鬆跟緊密，顏色及圖形區別完全不一樣，是鄰房損害鑑定案中不可或缺的厲害角色。

透地雷達和鋼筋非破壞性掃描一樣，也可以做鋼筋掃描，它能掃描的深度比較深入，但是只能查出鋼筋位置和支數，難以評估鋼筋號數。

屋齡七十餘年古蹟的樓板鋼筋僅有微小的鏽斑

10.結構分析：建築物的耐震能力評估、或是結構體的強度分析，配合現場的取樣及試驗結果，都可以用電腦程式計算出來，尤其是建物要變更使用用途時，特別好用。

例如辦公室要變成倉庫、住家變成店面或工廠、教室改成圖書館……，用途改變了，建物的耐震能力和荷重當然不同，這時便要利用一籮筐精密的數學公式，重新做結構分析。若是計算出結構體載重量

透地雷達掃描鋼筋

不夠，房屋自然就不能改變用途了，否則要用補強方式來補救。

結構分析涵蓋範圍很大，非常專業，以載重量分析爲原則。建築物的載重分成活荷重、靜荷重、風荷重、地震荷重、水荷重、土壓荷重、流體荷重等等。

以活荷重來說，可以移動的載重如走來走去的人、家具都算，一般住宅的活荷重標準是每平方米兩百公斤、教室兩

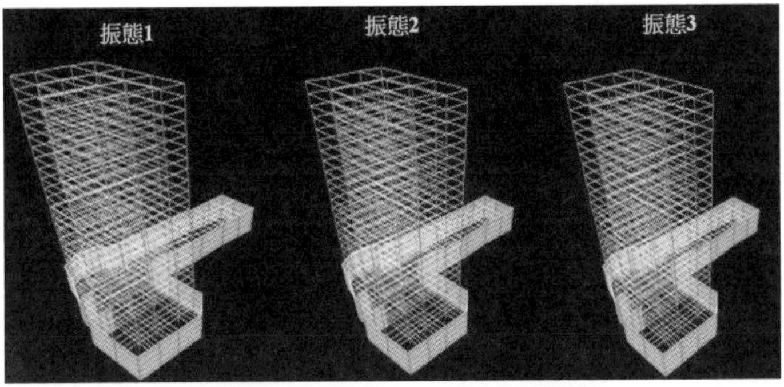

良好的結構系統規畫與正確的結構分析是居民安全的保障

百五十公斤、辦公室三百公斤，你會發現公共場所的荷重較大。

靜荷重則是不會動的東西，如磚牆、柱、樑、板、鋼筋混凝土牆等等的重量。

建築法規有規定，在什麼區域、什麼高度、建築物能承受多大的風力。越高的地方，按規定計算出來的結構分析，所考慮的風力就越大，這就是風荷重，好比一〇一大樓的風荷重自然和總統府不同。

同樣的，在法規要求下，不同區域、地點、依據土壤的性質和建物特性，每棟建築物能承受的地震力，自然便是地震荷重了。

假設建築物的荷重不夠，又沒補強，結

局會如何呢？看看十八年前豐原高中倒塌事件吧！這是歷年來（二○○一年之前）國賠金額最高事件，二十七人死亡，八十七人輕重傷。出事原因正是將學生活動中心改成禮堂使用，載重改變了，卻又在屋頂使用「積水防熱」工程，忽略了水壓荷重，建物沒做好結構分析，下場便是血淋淋的教訓。

結構分析除了可用在建築物改變用途上，有些鑑定案中造成特別的損害，無法判斷和原始施工有無關係時，結構分析也能派上用場。

曾經有過一個案例：一家銀行中間樓板突然陷下去，拿出結構圖一看，赫然「抓」出有些樑的原始設計和配筋是錯誤的，多可怕啊！

「工欲善其事，必先利其器」，當房子住出毛病來了，找人鑑定、修理、補強時，你心理不能沒有譜——看完這一章，下次你就知道「眉角」在哪裡了。

02 房屋鑑定真實案例篇

這樣的問題房屋你遇過嗎？

鑑定案1. 都是土壤惹的禍！

鑑定案2. 穿樑又加牆，新裝潢泡湯

鑑定案3. 你家裝水管，我家在漏水？

鑑定案4. 我買的房子是海砂屋？

鑑定案5. 合法違建不合法，整修困難？

鑑定案6. 頂樓加蓋鐵皮屋是漏水源頭？

鑑定案7. 住家改成店面，結構安全嗎？

鑑定案8. 地震後受損屋，做哪項鑑定才對？

鑑定案9. 陽台外推，打牆無所謂？

鑑定案10. 預售屋和原設計圖不符，有救嗎？

買到瑕疵商品，可以退貨；買到有問題的房子時，怎麼辦？別急別慌，「申請鑑定」，掌握證據，是你第一時間點該做的事。

從事結構技師生涯三十餘年，經手處理過的鑑定案件，數也數不清。我曾看過投注一輩子積蓄買房子卻買到海砂屋、因而夢碎的老先生；也有夢想投資頂樓加蓋房屋增加收入、卻意外官司纏身的年輕人；更有因鄰房損害導致房屋傾斜、有家歸不得的；甚至爲了新居裝潢卻誤傷房屋結構、和鄰居互告纏訟的憾事……太多太多的人生悲喜劇，活生生的因「房事」而上演。

所謂「他山之石，可以攻錯」，每一個鑑定案件就像一面鏡子，讓我們知往鑑來，避開別人曾經犯過的錯誤，就算相同問題臨到頭上來，也知道該如何爲自己討公道、爭權益。

本篇章選錄的鑑定案各具代表性，也是我從事房屋鑑定工作中最常遇到的狀況與糾紛，每一篇都分成故事源起、鑑定經過、鑑定結果、結構技師的眞心話等四個單元，供大家作參考。

爲保護當事人隱私，每個鑑定案中出現的姓名、地名及情節都已有更動，感謝這些案主提供了如此寶貴的實戰經驗，透過這些眞實案例的呈現，希望大家無論是買屋、賣屋、或是裝潢、改建，都能少繳一些學費，從中學到寶貴的教訓。

鑑定案1. 都是土壤惹的禍！

故事起源：

戴伯伯住在內湖這棟兩層樓的透天厝，已經快四十年了。想當年，他和老戰友哥兒幾個，一起攜手買下這裡同一排的房子，老章住隔壁、小林住隔兩號那戶，再過去是老排長，大家養兒育女，成家立業，彼此有照應，住得很開心。

戴伯伯很喜歡內湖的環境，常常在心裡打算，這輩子就在這裡養老送終了吧。不過最近幾年內湖發展太快，到處修馬路、蓋房子，他每天晚上散步時總忍不住嘀咕，怎麼才幾天不見，那塊菜園地又蓋起新房子了呢？唉，能走動走動的範圍愈來愈小囉。

可不是嗎？他家斜前方也開始大興土木了，聽人家說，要蓋一棟地下一層、地上八層樓高的公寓。想當初，這一帶除了他家這一排房子，剩下的都是荒地呢，時代眞的進步太快了。

從建商開始挖地下室起，老排長就抱怨，他家的浴室磁磚裂了好大一條縫，地板也凸起來了；老章也嚷嚷，怎麼我家廚房的門關不上了呢？小林昨天還跑來問，家裡樑柱是不是有裂縫？戴伯伯仔細一瞧，不得了，別說樑柱，客廳放電視的那道牆，就像脫皮似的，油漆通通都剝落啦。

大家夥兒聚在一起討論的結果，應該就是建商蓋新房子惹的禍。但是口說無憑，怎樣才能讓對方心服口服，負起賠償、修復的責任來呢？老排長一聲令下，不能再拖了，集合所有住戶的力量，這事要趕快找專家來辦……

鑑定經過：

台北市結構技師公會接到戴老先生等八戶的申請鑑定書後，立刻指派技師去現場初步勘查瞭解標的物現況、規模及鑑定要旨後，寄送鑑定工作計畫表及費用明細表給委託人，經委託人預繳費用後立即派出三組人馬，其中兩組由結構技師帶領四位工程師，挨家挨戶查看標的物房屋損害現象、拍照、做紀錄，從每一戶的裂縫情況判斷建物是否有不均勻沉陷？這些傾斜狀況又是否和新建工地施工有關？將所有蛛絲馬跡帶回做研判。

另外一組，則由結構技師指導三位工程師，做房屋地坪的水平高程測量、牆柱角垂直測量、及佈測水平沉陷的監測點，據此和建商施工前的測量做比對，比較兩次測量的地面高度差。若建物沉陷量離工地愈遠愈小、愈近卻愈大，很明顯就是施工所造成的，可釐清房屋損害的責任歸屬。

☑開挖地下工程風險大，地下水位洩降

一般說來，新建工地在開挖地下室的過程中，最容易造成附近房屋的損害。因爲往地面底下開挖，開挖若深，土的壓力大，擋土設施可能會變形，附近房子下方基礎土壤會往工地方向移動，導致基礎沉陷的現象。

另外，開挖地下室時抽取了地下水，也會使得鄰近房子基礎土壤的地下水位往下洩降，原本若僅地表下一米，工地施工後很可能變成二米或三米，缺乏了水的浮力，土壤顆粒間的壓力會增加變大，原本有孔隙的土壤，瞬間被壓得非常緊密，土壤孔隙變小了，建築物漸漸往下沉。

用一個比較淺顯的比喻來形容這種現象：土壤好比吸飽水的海綿，建築物則是手，當海綿中的水被抽乾，手會把海棉壓扁，換句話說，就是建築物往地底下陷。

後果是什麼呢？房子基礎不均勻沉陷，家裡的牆面、樑、柱都開始龜

軟弱土層的地下室開挖工程的風險較堅硬土層高很多

裂，影響了結構安全。所以每一個新建工地在開挖地下室時，對附近房舍的衝擊最大。

戴伯伯的案子卻非常特殊，開挖地下室雖然會危及附近房舍，但多屬深度開挖才有可能。位於戴伯伯家附近的新建工地，卻僅僅往地底下開挖一層樓，約四米半到五米的深度，實在很淺，附近房子竟然因此而傾斜、變形，令人意外。

然而根據現場勘查、檢驗

的結果，申請鑑定的這八戶，在牆壁、頂版、樑柱、地坪，不約而同都出現明顯大小不一的裂縫，甚至地坪下陷、凸起、室內或室外門窗無法關閉。從地坪和牆柱腳的測量也發現，有往工地傾斜的現象，越靠近工地的房子，沉陷量越高。

種種證據都顯示，與戴老先生一同申請鑑定的八戶人家，的的確確是因爲新建工地施工才造成了房屋損害。

這可就奇怪了，單純開挖淺層地下室，建築工法尚稱簡單，爲何會造成鄰近一整排房子如此大的損害呢？被指控應負起賠償責任的建商也百思不得其解，迫不及待想找出答案來。

☑ 靈敏性土壤，營建條件欠佳

其實答案非常簡單，只有兩個字：土壤。當地土壤的性質，讓不該發生

於軟弱土層地下室開挖施工不慎導致鄰房嚴重傾斜

問題的簡單開挖釀成了房屋災損。

千萬別小看土壤的力量，每一棟建築物都是蓋在土地上，土壤性質的好壞，不僅能讓建物營造過程事半功倍，也決定了日後抵禦地震的能力。

戴老先生的房子位在內湖，當地屬於靈敏性土壤，只要一接受震動或擾動，原本的固體狀態會變成流動的液體，類似土石流的膠糊狀，任何建設公司在這種含水量高的土壤動工，非得要編

特殊地層在大地震時發生土壤液化現象以致碼頭下陷（日本）

列一大筆損鄰賠償的費用才行，施工難度相當高，即便是很淺的開挖，也會造成附近房屋損害。

這種靈敏性土壤較常見於緊靠河邊的沖積平原，例如內湖、大直、石牌、士林、基隆河廢河道附近等等。

新店溪河岸兩旁是軟礫石層，湍急的河川把砂石從陡峭的山區沖刷到下游，流速漸緩，顆粒較大的粗砂在山腳下開始沉積；再往前，流速變慢，細沙沉積下來；再往前，流速更慢，靠近平緩平原或海岸，粉土及黏土會沉澱下來——台北盆地內有很多屬於這種沖積土層。

比較好的土壤是粗砂含量較高的，其次是砂和沉泥含量各占一半；最差的土壤狀態當屬全部都是粉土和沉泥，多半是靈敏性土壤，通常位在非常平緩的河邊，一經大型機具攪動，就變成流動的糊狀，不利於地底下開挖，戴老先生家正是位在欠佳的土壤條件上，才會受損如此嚴重。

還有一種土壤叫「互層」，是細砂和沉泥的互層。當雨季來臨，流速較快，堆積的是砂；旱季時流速慢，堆積下來的就是沉泥，一層砂，一層沉泥，雖然土壤特性也不夠堅硬，但至少比靈敏性土壤好，台北盆地內也有不少地方屬於這種土壤。

鑑定結果：

經過現場勘查標的物的受損現象，每戶房屋裂縫之長、寬及數量都明顯增加；且距離施工地點愈近、沉陷量愈大；透地雷達掃描也發現基礎下方土壤疏鬆，種種有力證據顯示，**戴老先生等八戶受損房屋，確實與鄰近新建工地有關**。

台北市結構工程工業技師公會立刻做出正式的鑑定報告書，會同查勘的建商也同意負起修復、賠償的責任，事情至此終於得到圓滿的解決。

雖然戴伯伯家等八戶房屋的裂損及傾斜現象，並無立即的危險性，但爲避免損害繼續擴大，減損了房屋的使用年限危及安全，結構技師公會提出了具體的修復建議與方法：

1. 因爲房子有基礎沉陷等問題，所以在某幾戶外牆基礎兩側下方，應灌漿補強，才能在地震來臨時由磚牆負起抵抗地震力的作用。

2. 每一戶的一樓地坪不是嚴重隆起就是下陷，建議應敲除重做，才能恢復正常使用功能。

3. 其他像樑柱、樓板、牆面裂縫的修復，若樑柱裂縫寬度大於或等於〇．二公釐、樓板裂縫寬度大於或等於〇．三公釐、鋼筋混凝土牆面裂縫寬度大於或等於〇．五公釐時，應在縫隙灌注環氧樹脂補強後，才能以水泥砂漿粉刷或油漆，否則有害結構安全。

按照台北市政府規定，非工程性的鄰房受損補償費用是每戶十二萬，依據房屋面積及傾斜率變化量而定。**而結構技師公會也評估出全部的修復費用，包括本次鑑定費用，全部應由造成災損的建商負責。**

結構技師真心話：

特過這個鑑定案，我們可以得到一個教訓：買房子不光要看地段、選地點，更重要的是，選擇對的土壤！

房屋就算蓋得再美再好，蓋在軟弱土層上，附近只要開挖任何新建工地、或是施作公共工程，對你的房子都是一大威脅，很難不受影響。

不只是消費者，**對建商或營造廠而言，更應該尊重土壤的特性**，事先做好查勘，才不至於在動工期間要花大錢補大洞。

曾經在大直有個新建案，就是因爲忽略當地靈敏性土壤的特質，開挖下去左鄰右舍全遭殃，自己也賠得慘兮兮，不知增加了多少營造成本。

除非你所住的社區大樓，地下室開挖了四到五層樓高的深度，那麼才有可能在別人開挖時不受到損害；換另一個角度想，若有建商在軟弱土層開挖地下四到五層樓深度的大型建案，試想一下，對週遭房屋的影響恐怕會大到嚇人！附近一般的平房公寓或多或少都會有不均勻沉陷的問題。

選擇住家時，不妨詢問推案的建商知不知道房屋所在地的土質性質？若回答得出來，表示重視房屋整體結構安全，絕對值得把它納入購屋考量對象。

就算是買二手屋，也可以詢問技師當地土壤是不是靈敏性土壤？或是上「經濟部中央地質調查所」網站，將想要查詢的地址輸入，有全國地質資料的整合查詢系統提供解答。

買屋賣屋時，多留心「土壤」這個別人沒想到的問題吧！等於替自己在大地震來臨時多買了一份保險。

鑑定案 2. 穿樑又加牆，新裝潢泡湯

故事源起：

蔣媽媽的家，住在一棟地下一層、地上八層樓高的住辦合用電梯大樓內，她家住五樓。

平常蔣媽媽就很熱心參與社區活動，也身兼大樓管理委員會的幹部職務，雖然住戶事多嘴雜，但她忙得很起勁，「同住一片瓦下，是前輩子修來的緣分……」這句話是蔣媽媽的口頭禪，整棟樓層誰家有事，找她調停準沒錯。

「吱——吱——」頭頂上傳來刺耳的電鋸聲，伴隨著震耳欲聾的敲牆聲，「叩！叩！叩！」聲音之大，整個天花板都在動，蔣媽媽忍不住皺起眉頭。

詢問過管理室後才知道，原來六樓新搬來一戶人家，要把原先樓上那家進出口外銷公司改裝成住宅，那可是大工程啊！本來是辦公室的隔間，這會兒要全部打掉重新裝潢改隔間，不知道要施工多久？蔣媽媽決定發揮「社區管家婆」的精神，上樓一探究竟。

不看還好，一看之下，不得了啦！整層樓的內部空間面目全非，有些隔間牆不見了，樑上也被打了大洞，蔣媽媽當場傻眼。

她向承包工反應結構安全的顧慮，要考量整棟大樓會不會因此受影響，屋主卻堅持他已向管委會報備，並繳交了工程損害保證金，當然有權照自己的意思裝潢。

爭執到最後，經大樓管委會開會決定，請專業結構技師來鑑定評估，新住戶的裝潢，究竟會不會影響整棟大樓的結構安全呢？

鑑定經過：

臺北市結構工程工業技師公會收到了蔣媽媽住處大樓管委會的委任鑑定書，馬上排定技師前往勘查確定標的物現況、規模及鑑定要旨。

標的物會勘拍照紀錄、繪製圖形，瞭解房屋構造、現況及用途後發現，這棟鋼筋混凝土造電梯大樓六樓更改格間，且大樑被鑽了孔洞，於是馬上進行結構分析計算，樓層改裝是否會超出原始設計載重，傷害結構安全。

粉筆繪出樑主鋼筋（水平線）、箍筋（垂直線）的位置，顯然有一個箍筋被切斷

鑑定現場原本是開闊的辦公室，更改設計成爲住家民宅，因此多出好幾道室內隔間牆；而原先辦公空間不必炊膳開伙，沒有廚房排油煙的問題，重新裝潢時爲了裝設排油煙機與各個房間內的分離式冷氣管線，在樑柱上開了許多孔洞，會不會因此減損大樓的結構強度呢？

☑ 鑽樑鑽到圍束區，問題大了

別小看「牆」的威力，每個活動空間都有載重限度，一旦更改房屋設計用途時，絕對要重新計算載重量，如果自行增加牆面或打掉牆面，都是很危險的行爲。

經過結構計算結果，新裝潢的隔間牆多屬於輕隔間材質，增加的載重量很少，不至於影響原有的結構安全。

然而爲了裝設排油煙機及冷氣管線所打在樑上的洞，問題就大了。

水電承包商在施工時，敲開樑柱的鋼筋保護層，在裡面埋設管線，並且鑽孔，把樑的主鋼筋與箍筋鑽斷，而且不偏不倚鑽在大樑的圍束區內，破壞了結構強度。

每棟建築物一定有樑有柱才能支撐，銜接到柱子的樑叫做「大樑」，沒接到柱子的，不管多粗多大，都叫小樑。樑跟柱的交接面，往樑中央方向兩倍樑深的範圍內，就叫圍束區（樑深是樑的高度加上樓板的厚度，假設樓板下樑的深度是五十五公分，樓板厚度十五公分，樑的深度就是七十公分，圍束區則是七十公分乘以二，一．四米的範圍內）。

大樑兩端及柱子上下端都有圍束區，圍束區很重要，如果受傷害，大地震來臨時，大樑或柱子的圍束區會率先斷裂，若一棟房子內僅有少數大樑，而樑的圍束區又被破壞，後果不堪設想。

鑑定結果：

雖然新住戶增加的室內隔間不會影響樓層載重，但是擅自鑿除樑柱並且鑽孔的行爲，不僅將原有鋼筋主筋、箍筋切斷，也破壞圍束區的結構強度。

結構技師公會做出建議，應立刻停止裝潢，進行修繕補強，以免大地震來臨時，六樓成爲軟弱樓層。

有了專業技師的建議與鑑定，屋主也同意改變原有室內設計，以補強工作優先，「社區管家婆」蔣媽媽終於放心了。

針對結構補強作法，技師公會也提出了具體建議：樑柱圍束區內被鑽空的孔洞，應立即用無收縮水泥砂漿塡補，樑內被切斷的箍筋，則用外包鋼板的方式增加強度。

結構技師真心話：

多虧熱心的蔣媽媽，阻止了一樁不當更改室內裝潢的事件。這個鑑定案讓我們看到了，有好的鄰居、好的社區管理委員會是多麼要緊的事！

當大樓其中某一住戶，做出有損整體建築物結構安全的設計或改裝時，社區管理委員會應適時的發揮作用，所謂「千金買房，萬金買鄰」，選擇住家時絕對別忘了這點。

當室內隔間有需要做更動時，不管是把牆打掉、或另外再加幾道牆，一定要徵詢專業技師的意見，會不會因此減損結構強度？要不要更改載重設計？千萬不能光聽水電包商或土水師傅的一面之詞。

本案中倒楣的新住戶，正是聽信裝潢承包商的話，才在樑柱上鑽洞架設排油煙管與冷氣管線，落得勞民傷財的下場。

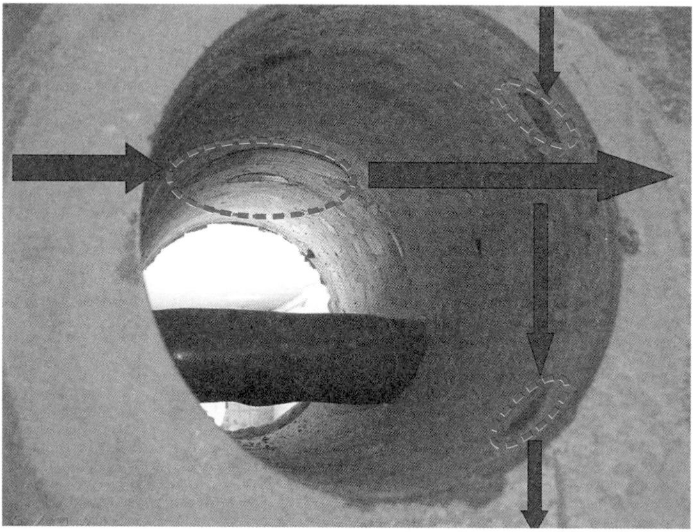

樑主鋼筋（水平向箭頭）及箍筋（垂直向箭頭）已被切斷（虛線圓圈）

最重要的是：屋樑是寶，不管何款的室內設計，別打在它身上穿孔的主意吧。

鑑定案3.你家裝水管，我家在漏水？

故事源起：

「……要不是你在頂樓平台亂敲亂打，我家三樓也不會漏水！反正你得賠啦……」

唉，又在吵架了，王太太深深嘆了一口氣。這兩個月來，每天上演相同的戲碼，王先生和隔壁的張先生一見面就吵，誰想得到，去年兩家人感情還好到相約同遊泰國呢！

記得三年前剛搬到這棟四層樓透天厝時，一樓當停車間，二三四樓是住家，家裡空間變大許多，最棒的是還有個開闊的頂樓空間，能上去活動活動筋骨、曬曬棉被什麼的，全家人都很開心。

尤其是老公，拜訪過鄰居後，直誇和家裡緊鄰而居的張先生是難得的好人，「能和這種人做厝邊眞好運」，王太太還記得他說這話時的神情咧，誰知道現在和「好人」的關係搞得這麼僵。

情誼開始發生質變，肇因於幾個月前，張先生爲了方便澆灌他在頂樓栽種的盆栽，把兩家所共享的頂樓平台做了改建，麻煩來了，不僅出入頂樓變得不方便，王太太家裡竟然漏水了！

請張先生把頂樓恢復原狀、並且負責找出漏水源頭修好，沒想到這個老公口中的好人卻兩手一攤，推說家裡漏水和他改建頂樓無關，讓人爲之氣結。

「碰！」王先生甩開大門走進來，氣沖沖的大聲嚷嚷：「這樣下去不行，我要告他！」王太太張目結舌，沒想到兩家終於走到法院相見的這一步了……

鑑定經過：

這是一樁由士林地方法院委託鑑定的損鄰糾紛案。因鑑定結果可能做為審判依據，處理起來格外慎重。發生糾紛的鑑定標的物是連棟式的四層樓鋼筋混凝土造建築物，屋齡約四年，一樓供停車使用，二樓以上爲住宅。

糾紛起因，爲並排相鄰的兩棟建築物，其中一戶在頂樓平台廣植盆栽，進出頂樓澆水時，都需要彎腰低頭，爲方便進出頂樓，將通往屋頂平台的出入口大門拓寬，因此往上鑿除門戶上方的樑，造成樑的外側下緣有一個長約一百公分、水平向三十公分、垂直向三十五公分大小的三角形斷面；同時在兩戶共有的樑柱內埋設自來水管，樑柱原有的瓷磚與混凝土都遭到破壞。

看起來只是「小小」的屋頂改建——把門改寬、加裝水管——這又有啥大不了的？眞的會造成鄰房因此漏水嗎？

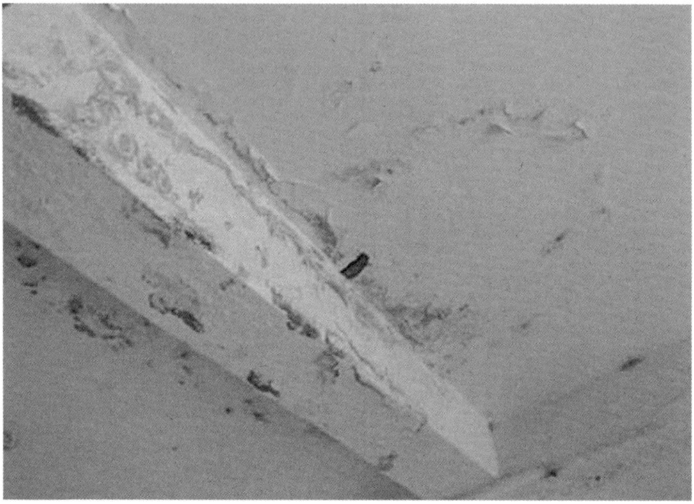

白華、壁癌、油漆剝落均與滲水有關，通常是樓板積水滲漏、牆板裂縫、或水管破損等引起的

在鑑定過程中發現，頂樓兩戶相鄰的隔戶牆，牆壁各有垂直、水平及斜向裂縫；且頂樓樑上磁磚有嚴重滲水殘留的污垢，觀察其他住戶的樑上磁磚卻沒有類似現象。

房屋樑柱接頭處，除了表面磁磚突起破損以外，也有斜向裂縫產生。而樓下頂版確有滲水及油漆剝落情形，磁磚與樓版防水建材邊縫也裂開了。

鑑定結果：

種種跡象顯示，爲方便進出頂樓、照顧培植盆栽所做的改建，的的確確造成了隔壁鄰居樑、柱、樓板，及牆面因此龜裂、滲水的現象。

僅僅想讓通往頂樓的門變高一點、好方便使用，就把兩家相鄰共有的樑柱，往上鑿除了一個大開口。殊不知，這個矩形樑擔負著鋼筋混凝土造建物屋頂樓梯間的結構強度。

看似很小的變動，不僅損壞原有箍筋，樑內主筋也因此被切斷，損害了結構系統安全。

除此之外，在頂樓樑柱敲開埋設自來水管線，不僅施工不當，也造成樑柱裂損，所以結構技師公會做出結論，張先生應負起隔鄰頂樓結構體遭受滲水、龜裂的損害責任，並建議盡速修復。

結構技師真心話：

很多人喜歡在頂樓種花種草，怡情養性，爲了方便澆水，自然要往上牽一條自來水管線；但通往頂樓平臺的門通常不是很好進出，尤其是公寓，當然要改一改。

第一步，你會先找土水師傅來估價，因爲是小工程，只不過加裝一條明管線、改個門，收費不會太離譜，任何一個師傅都會告訴你：「這很好施工，幾天就好。」

問題來了，水管要裝暗管、走在牆壁內才好看；大門要往上打，才能擴大，否則沒辦法做，種種土水師傅口中很好做的施工，通通都牽涉到房子結構行爲的改變，牽一髮而動全身，若是獨棟獨戶，後果自負較不打緊；假設是公寓，很可能隔壁或樓下就會遭殃。

案例中的張先生就是聽信土水師傅的保證，擅自將兩戶共有的樑柱做更動，才引發一場官司風波。他能向土水師傅求償嗎？會很辛苦。但能否事前避免呢？絕對可以，只要諮詢到對的人。

所謂隔行如隔山，土水師傅多半是師徒制，對房屋結構行為全然無知，要敲敲打打之前，還是先詢問專業技師的意見後，再找土水師傅施作比較妥當吧！

鑑定案4. 我買的房子是海砂屋？

故事源起：

「爲什麼你家牆壁掉漆掉的這麼厲害嘎？」從嘉義上來小住一陣子的老父親，手摸著像餅乾屑掉不停的壁面，不解的問。

其實他自己心裡也像有面鼓，正七上八下的打著。有個疑問不停撞擊著：怎麼會這樣呢？

房子剛買不到一年，房屋權狀上登記的建物建造日期，距今也不過才十年啊，雖然是二手屋，十年屋齡的房屋，會老舊腐蝕的這麼厲害嗎？

當初買房子時，同時看上兩個地方。這裡因爲離桃園市中心區近、有大片社區規畫，生活機能不錯。再加上前任屋主重新裝潢過，陳設看起來新穎又順眼，又附全套家具，直接搬進來就可以住人，即使比另外一處貴了快二十萬，超出他的預算，一咬牙，向鄉下的雙親借了錢，他還是忍痛買下來。

老爸爸一直嚷著要北上來看新房子，爲讓老人家住舒服點，隔間做些小更動，把裝潢的新夾板拆下後，才發現裡面充斥著混凝土碎屑，連鋼筋都露出來了。

「我們老家五、六十年的土角厝都沒這款！越看越不對頭。」父親憂心忡忡的說，「囝仔，你該不會買到海砂屋吧？」

海砂屋！他心頭一驚。對啊，怎麼會沒想到呢？這麼多吻合的現象，都和電視上講的一模一樣，這下該怎麼辦才好……？

鑑定經過：

接到案主的鑑定申請，立刻到現場進行實地勘查。這是地上三層、一樓挑高含夾層、無地下室的鋼筋混凝土造建築物，屋齡十年，因為住戶強烈懷疑是海砂屋而委託鑑定。

初步目視結果，發現建築物標的物部分樓板混凝土保護層已剝落，內部鋼筋外露，且鏽蝕呈現深褐色；頂版也凸起破損、有寬度〇・一至〇・五

海砂屋最早期的症狀通常是頂版混凝土塊帶狀凸起

海砂屋的樓板修理過後，即使重新油漆過仔細檢視還是可以看到帶狀凸起的修補痕跡

公釐不等的裂縫。除此之外，樑側、地坪皆有寬約〇・三至〇・五公釐不等的裂縫。

根據多年累積的房屋鑑定經驗，判斷疑似海砂屋的可能性相當高，所以安排在各樓層樑上做混凝土鑽心取樣，以瞭解建物結構體混凝土現有強度有沒有達到法定標準。

同時，取出的試體立即於現場進行混凝土中性化試驗，並試驗混凝土中水溶性氯離子含量是否超標，這是判斷海砂屋的重要依據。

測試結果，混凝土鑽心取樣後所做的混凝土抗壓強度，果然未達法規所規定的二一〇公斤／平方公分（即每平方公分混凝土最低應能夠承受二一〇公斤的重量），幾乎都只有一半，強度遠遠不足。

奇怪的是，混凝土中氯離子含量，卻未達法規所規範的〇．三公斤／立方公分界線（每立方米混凝土含量不得超過〇．三公斤），換句話說，就是合乎標準。

這個結果讓技師傻眼，明明是標準的海砂屋症狀，混凝土抗壓強度也明顯不足，爲何氯離子檢測卻正常？

☑ 混凝土藏玄機，檢測出問題？

所謂海砂屋，就是蓋房子所用的混凝土中含有氯離子。

氯離子哪裡來？通常是「砂」出問題。

使用了含鹽分的海砂、或是河口處有海水倒灌的河砂，鹽水或結晶附著於河砂上，攪拌成混凝土後包裹在鋼筋上，不僅無法保護鋼筋，還會使鋼筋加速鏽蝕。此外，有些不肖廠商澆灌混凝土時偷加水，使混凝土的PH值降低，造成碳化作用加速，即俗稱的混凝土中性化，此時也造成混凝土強度降低，孔隙增加，鋼筋也開始腐蝕生鏽，房屋結構整個拉警報。

本案很明顯是混凝土品質出了問題，然而檢測結果卻沒問題，好像一個病倒在床的人，健檢卻OK，這個耐人尋味的結果，考倒一堆陪同鑑定的技師們。

憑藉著三十年的現場經驗，我苦思良久，回顧鑑定過程的全部步驟，是否哪裡有所遺漏？從最開始的混凝土鑽心取樣，都是按照標準作業進行，將樣本頭尾切掉，取中間段作化驗，不可能有錯啊……，突然靈光一閃，若將切掉不用的頭段拿去做化驗，不知結果會如何？

☑禍源出在粉刷層，海砂屋現原形

於是大隊人馬再度回到標的物現場，不僅在樑上重新取樣，也將各樓層樓版地坪、版底的水泥粉刷層採樣取下，慎重起見，我將試體分送中國技術學院、及中華顧問工程司材料試驗室等不同的兩個單位做測試。

經兩個實驗單位測試，樑、柱鑽心試體中的氯離子含量依然合乎標準，然而，送檢的樓版地坪、版底粉刷層試體，氯離子含量卻高得嚇人，超出標準五、六倍之多！尤其是樣本頭段處。這個檢驗結果果然合乎我的預期。

我的推理是這樣的：早期房屋樓層樑柱、樓版灌好混凝土後，表面不平整，這時需要用一層水泥砂漿將其抹平，我判斷正是這層水泥砂漿中所使用的砂出了問題。

只因水泥砂漿是塗抹在表層，要滲透進樑柱裡層需要在潮濕狀態，而且在滲入的時間當中已經漸漸乾燥。一般取樣試體於現場中性化試驗後會切頭

切尾，然後送去試驗室做抗壓強度試驗，壓裂後再取頭、中、尾三處樣品做氯離子含量測試，所以樑柱所做的鑽心取樣根本測不出超標的氯離子，可是混凝土保護層厚度遠比梁、柱薄的樓版，表層的水泥砂漿粉刷層，隨著含水量多寡，氯離子跟著滲透進去，造成嚴重剝落現象，當然能測到超高的氯離子含量。

再加上水泥砂漿與混凝土相較，砂的使用量較少，但使用面積卻較廣，舉凡內、外牆表層粉刷、及樑、柱、樓版表面粉刷都會用到，因此氯離子含量高低的不

海砂屋的賣方有時會把自己的房子整修一番，但是房屋外觀有時可以看到樑或柱裂損的痕跡

海砂屋的公共設施如樓梯間、地下室等，也可能看到裂壞的現象

確定性比混凝土還高，才導致了檢測數據不一的結果。

所以結論出來了：鑑定標的物確認是海砂屋，然而過量的氯離子含量來源，不在混凝土本身，而是塗抹在混凝土表層的水泥砂漿層。

鑑定結果：

鑑定標的物雖有混凝土氯離子含量過高、鋼筋腐蝕現象；但梁、柱主結構體尚未發現有主鋼筋鏽蝕、造成縱向裂損的危害出現。爲避免混凝土塊掉落危險、同時降低鋼筋鏽蝕等等持續惡化的海砂屋現象，建議應盡速補強修復：

1. 將氯離子含量過高的粉刷層全部敲掉重做，包括樓版、頂版及樑柱及鋼筋混凝土牆表面的水泥砂漿。
2. 版底、樑及柱先以鋼筋腐蝕抑制劑塗刷完成後，再以水泥砂漿粉刷回復原狀。
3. 鬆動或凸起的混凝土塊敲除，鋼筋除銹，以純水泥漿塗佈後，再用添加了腐蝕抑制劑的水泥砂漿塡補。

4. 其他裂損，例如樑、柱裂縫的修復，若裂縫寬度大於〇・三公釐，務必以環氧樹脂灌注縫隙，再予以粉刷或油漆。

結構技師真心話：

這是一樁令我難忘的鑑定奇案，鑑定過程好比偵探抽絲剝繭，讓我上了精采的一課。

明明所有屋況都指向海砂屋，科學證據卻說它不是，身爲一個負責任的專業鑑定人員，到底要不要接受這個讓人無法服氣的答案呢？

我拒絕接受，選擇再重來一遍：重新採樣化驗，再循不同源頭找答案。

二次檢驗的結果讓我找出原因，也幫無辜的屋主討回公道——雖然這個決定當年讓我賠了不少錢，因爲海砂屋的檢測過程非常昂貴，而重做的第二次是無法報帳的，鑑定費用我自行吸收，不過能幫房子「抓」出病因，這種成就感大過一切！

所以，若你正因房屋出問題而委託技師作屋況鑑定，結果卻不如預期時，別灰心，試第二次，並將檢體分送兩家以上不同的實驗機構做檢測，避開儀器的系統性誤差，有可能會有不一樣的結果。當然，找對有經驗的結構技師可幫你兼顧到這一切。

混凝土的重要性，本書中有專文提到（請參看第三章），但沒想到預拌混凝土廠提供來蓋房子的混凝土沒問題，反倒是蓋好後用來抹平房子「粗胚」的水泥砂漿壞了事，實在讓人意想不到，也防不勝防，本案就是一例。因爲這些粉刷層所使用的砂，通通都是承包工程的小包商自己叫貨的，品質來源的確很難控管。在這個案子之後，我又承接過幾個類似的案例，可見得這種現象並不罕見，讀者及專業人員應留意。

既然如此，消費者如何自保呢？

至少買房子時，看到重新裝潢的二手屋，要心存戒心，尤其是新訂夾

板，把牆壁、天花板、樓版都隔絕包起來的裝潢方式，更有値得懷疑的理由，裡面或許就是大片脫落的混凝土屑、裸露的鋼筋，不希望被察覺，這時可以看看房屋外觀或公共設施是否有海砂屋的現象，做為參考。本案案主不正是被漂亮的新裝潢所吸引，才受騙上當的嗎？

鑑定案5. 合法違建不合法，整修困難？

故事源起：

「什麼嘛！把陽台外推的人，又不是我，前任屋主就這樣了，憑什麼我現在做個小更動就不行？」

俊升一想就有氣，買到房子時的喜悅全被一掃而空了。

大學畢業後沒回彰化老家，留在台北獨自奮鬥，跑業務跑了五、六年，省吃儉用才買下這層「五加一」的舊公寓──號稱買五樓奉送頂樓加蓋，屋齡三十多年的老房子，加蓋的部分仲介說是「既成違建」，沒有拆除的疑慮，他才放心買下來。

他盤算過了，自己住五樓，頂樓加蓋出租，租金正好攤平房屋貸款，肯定不會吃虧。

但是原先頂樓加蓋的部分實在太老舊，想租出去，總要做些改建吧，沒想到，牆才剛敲下去，樓下鄰居就來抗議，說什麼維持原狀可以，想再改建，怕會影響老房子結構安全，要找專家評估才行。

這可奇怪啦，原先屋主加蓋時他們不也這樣過了三十多年，通通沒意見；爲什麼新屋主一來，整建一下就說長道短？眞是欺生！

俊升雖然一肚子火，卻也無可奈何，破舊的頂樓加蓋不重新整建，根本租不出去；想整建，就得徵得樓下全部住戶的同意，權衡得失，他只好花錢請專家來做房屋安全鑑定……

鑑定經過：

案主委託鑑定的，是一棟地上五層樓的鋼筋混凝土造公寓，全部做爲住宅使用，因爲頂樓加蓋的陽台牆想要拆除，變更設計，不知對原建物結構體是否有安全性影響，因此進行委託。

勘查現場時，委託鑑定的標的物整修工程已開始施工中，各樓層外牆的陽台樓版，從建物的二樓到五樓都以懸臂版構造外推，應屬早年施工。頂樓右側陽台外推、左側陽台則增設裝飾板。

委託人提供了頂樓變更後的平面設計圖，預計增設一道短牆、並且降低窗台高度，採用玻璃窗設計。

鑑定結果：

鑑定現場標的物陽台外推的牆，是前任屋主已經施工下的產物，委託人計畫降低原有窗台高度，並增設一道短牆，其上用玻璃窗，增加室內採光。

經結構分析計算結果，重新裝潢後的房屋荷重增加不多，反倒是降低窗台高度並增設玻璃窗的設計，減少了荷重。左側陽台頂版增設裝飾板，所增加的荷重量亦非常少

因此，評估結果認爲，此次改建載重無明顯變化，對原建築物結構安全應無影響。然而是否繼續施工，建議案主尚需取得所有住戶同意及諒解，以免日後產生糾紛。

結構技師真心話：

很多人買房子喜歡買老公寓的最頂層，因爲買一送一，連頂樓加蓋一起奉送，使用空間變大不說，用不上的部分還能出租賺錢，看上去挺划算的。

再加上七十八年後法規規定，公寓屋頂只能做緊急避難平台使用，或闢成空中花園，任何加蓋都算是違章建築，早期那些已經加蓋的，就變成所謂的「合法違建」，甚至是房仲業者口中的「絕版品」，「買到就賺到」。像本案例中的委託人，不也在做「包租公」的美夢嗎？

其實，違建就是違建，無所謂合法或不合法，只要有人檢舉，還是會隨報隨拆。

依據台北市政府取締違建措施規定，公寓、大樓頂樓平台本來就屬於全體住戶所有，即使頂樓違建存在已久，只要其他住戶不同意讓原使用者繼續使用，就可依民法七六七條規定，訴請「排除侵害」，要求拆除。

所以千萬不要聽信房屋仲介的保證，什麼「八十四年以前蓋的違建，不會拆」、「絕對合法」之類的話，只要其他住戶以「危害公共安全」名義向有關單位提出檢舉，還是可能被拆除。

☑ 買頂樓加蓋風險不小，以「輕」為原則

曾經有過法院判例，某人在知名國立大學附近買了四層樓公寓頂樓，加蓋違建出租給學生，結果被鄰居檢舉，法院認定他違法侵權，不僅要自行雇工拆除違建，所收取的房屋租金還被判爲「不當得利」，要全部吐出來和全體住戶平分呢！因爲頂樓既然屬於大家共有，被用作出租的營利用途，當然利益也應全體住戶共享，依民法第八一八條等規定，其他住戶的確有權要求平分共有利益。

這樣你還會認爲買舊公寓頂樓加蓋穩賺的嗎？我倒認爲風險不小。

尤其這些老舊公寓加蓋的部分，年限至少都幾十年以上，新接手的屋主勢必要進行整修，一旦開始修繕，又可能被當成新違建，遭鄰居檢舉拆除。好比本案例的委託人，要不要繼續整修？能不能繼續整修？在在令人頭痛。

撇開這些問題不談，假設要在頂樓進行加蓋或整修，只有一個字——「輕」——絕對要遵守載重量要輕的原則。

所有加蓋的建材都要輕——輕鋼架、輕隔間、塑鋼、木材、石膏板、鋼浪板等等，或者多開窗，讓輕玻璃來減輕牆的重量，像本案就是以玻璃代替牆，所以沒有超出原始建築物屋頂載重的承受量，結構無虞。

最忌諱的就是大片鋼筋混凝土牆、混凝土樓版及樑柱、磚塊、磚牆，很容易造成樓下住戶裂縫或損壞變形。（可參看拙作《這樣買房子最安全》中「頂樓如何加蓋才安全？」章節）

假使頂樓加蓋不是全部蓋滿，而是部分加蓋，那更麻煩，三天一小漏，五天一大漏，讓你漏水漏到怕。下一個鑑定案就是活生生的慘痛教訓。

鑑定案6. 頂樓加蓋鐵皮屋是漏水源頭？

故事源起：

「哇！廚房怎麼漏成這樣？爲什麼不修理呢？」踏進男朋友志雄家的廚房，雅惠簡直不敢相信自己的眼睛，一道小河流從天花板汩汩流下，底下還要用水桶接水呢！

「怎麼會沒修理？前前後後修了五、六次，」志雄媽媽無奈的搭腔：「修了又漏，漏了又修，沒辦法斷根，最後乾脆不理了。」

志雄也在一旁解釋，樓頂有早年加蓋的鐵皮屋，裡面放公媽桌和祖先牌位、一些堆置的雜物，漏水源頭似乎就是從上面漏下來的，抓漏、補漏的錢，不知花多少了，根本不管用，最後也就習慣成自然。

哪門子習慣成自然啦！雅惠在心裡大聲抗議，漏水等於漏財耶！她暗自盤算，要嘛叫志雄他家另買一處房子做新房；要嘛把這個陳年漏水問題處理好，「或者，幹脆把這老房子賣掉，要不然我絕對不嫁進來。」雅惠暗自下了決定，趕快讓志雄同意賣房子換現金……

鑑定經過：

這是一樁由房屋仲介公司委託鑑定的案子，屋主要賣屋，卻有漏水問題，想進一步瞭解漏水是否因重大結構瑕疵引起、對房屋整體安全有無影響。

接到委託申請後，技師會同房仲業者、屋主、水電工等勘查現場，標的物是一棟四層樓高鋼筋混凝土造公寓的四樓，屋齡三十年，樓頂有部分加蓋鐵皮屋。

走進四樓客廳區域，有明顯漏水痕跡；廚房牆壁沿著天花板而下有水漬

台北屋頂鐵皮屋的盛況，但是鐵皮屋沒做好反而漏水會更嚴重

痕，並非毛細裂縫所引起的，表示漏水量不小。廚房樑柱上加裝分離式冷氣處，也有滲水。根據現場種種跡象研判，漏水問題可能與頂樓加蓋鐵皮屋有關，有必要至頂樓做進一步勘查。

到頂樓後發現，加蓋的鐵皮屋並未全部包覆樓層面積，鐵皮屋外接雨水的天溝，屬薄鐵板材質，留有矽利康劑填補的痕跡，某些地方已經生鏽破損，鐵板接縫也漏水，水漥積聚在地面上，甚至蔓延到樓梯間，正是樓下客廳天花板滲水的區域，漏損的鐵皮屋天溝，應是漏水元兇。

鐵皮屋沒有涵蓋的露台區域，位在廚房上方，無任何遮蔽物，下雨雨水直接接觸，露台中央雖然有一根排水管，但是包括鐵皮屋天溝、及整個樓頂露台所積聚的雨水，通通經由此處排放，若雨量過大，勢必宣洩不及。排水管出口處的落水頭，有殘破雜物及樹葉蔽塞住，下方正是廚房區塊漏水處。

鑑定結果：

經由現場勘驗後發現，漏水主因有二：一是樓頂加蓋的鐵皮屋天溝年久失修，早年補漏已不堪雨水沖刷而破損，導致客廳漏不停；二是露台排水管要排放整樓層的排水量，所有水都匯集到同一個地方，水量過大。再加上落水頭因雜物阻塞，來不及宣洩，造成廚房「直直漏」的現象。

屋頂落水頭容易被雜物阻塞應定期清理，否則再有屋頂防水層破損必定滲漏

屋漏偏逢連夜雨，廚房樑上為加裝分離式冷氣，鑽了直徑約六公分的孔洞，正巧落在排水管落水頭的旁邊，可能排水管的孔隙導水進來，同一個孔洞又塞了冷氣的冰水管，讓漏水問題更加雪上加霜。

鑑定結果，漏水不是出自房屋結構性問題，安全無虞，建議根據漏水現狀修復補強即可，不影響建築物本身價值。

首先，鐵皮屋天溝必須先處理好。

落水頭與落水管應視水量需要選擇大小及型式

天溝所匯集的雨水不要全部排到露台，在鐵板外另作一條排水管，直接排到屋外。

露台的排水管重做，原先舊有的落水管及落水頭通通封死棄置，落水頭附近地坪重新鋪設防水層。所有管線一律做成「明管」，也就是不再埋設於牆內或柱子內，俗稱的「暗管」。

結構技師真心話：

上了年紀的房子，最怕兩樣東西：一個是水，一個是電。最常出問題的，正是這兩個罩門。

所謂電，就是管線。曾經看過新聞，單親媽媽把小孩放在家裡打電腦，自己出門上班，結果電線走火，小孩命喪火窟。這種悲劇正因老舊電路配線沒有重新檢視，一旦短路，問題都很大。

另一個更傷腦筋的，就是水的問題。

俗話說的好：「醫生怕治嗽，土水師怕抓漏」，老房子漏水了，想「抓」漏水源頭可是非常煩心的過程。就像本案例，修不好的漏水問題，未來媳婦都怕到要跑掉呢！

所以買到二手屋時，務必要有一筆更換水電管線的預算，遠比打點裝潢更爲要緊。尤其是老公寓頂層有加蓋部分鐵皮屋的，絕對逃不掉漏水問題。

為什麼我敢這麼肯定？

☑ 部分加蓋不如全面覆蓋鐵棚實在

因爲樓頂的排水問題，正如本案一樣，多半只做一個排水管，要支撐整樓層的排水量，非常吃力。若是落水頭因落葉、雜物、甚至死老鼠而阻塞時，排水不可能順暢。

而且排水管不像自來水管有水壓，可利用壓力排水；它本身沒有任何壓力，僅利用重力自然的把水排放掉。但是，若水管內有砂、落葉甚至死掉的昆蟲等等雜物堆積時，排水必定不順而積水。再加上風吹日曬雨淋、地震搖晃、建築物潛變變形、基礎不均勻沉陷等，水管難免有些破損縫隙，一旦管內充滿水，就變成壓力水管，自然而然就從縫隙「擠」出去了，樓下必定遭殃。

種種可預見的因素，讓我敢打包票，公寓頂樓加蓋的鐵皮屋，遲早會出一次「紕漏」。

怎樣才能避免頂樓加蓋的漏水問題呢？最好的方法是全部覆蓋整層樓面積的鐵皮加蓋。只要不封牆，全面覆蓋還是可以留通道留空地的。若因避難空間和通道的問題一定要留無頂蓋的空地，則必須非常小心處理排水的問題。

所以買到樓頂加蓋鐵皮屋的老公寓頂層時，別高興得太早，以爲買一送一，賺到了。一筆補漏的錢，是勢必得花的。

與其在樓頂加做一層防水層防範，不如加蓋鐵棚或鐵架實在。因爲防水層所費不貲，而且防水效用只有三、五年壽命，相同的錢不如拿來搭鐵棚，一勞永逸。

以台北市爲例，只要是建造超過二十年以上的五樓以下建築物，經專業技師鑑定過有漏水現象，屋頂加蓋屋脊高度小於一·五公尺，屋簷高度小於一公尺的非鋼筋混凝土材料棚架，是不會被認定成違建的（資料來源：台北市建築管理處），不必擔心會被檢舉拆除。

鑑定案7. 住家改成店面，結構安全嗎？

故事源起：

找了好久，終於找到心目中理想的店面了！

在教學醫院擔任主治醫師十幾年，有了良好的病患基礎，簡醫師決定自行開業。但是找適當的開業地點，讓他傷透腦筋，既不能離原先醫院太遠，又不可太過偏僻，不是租金太貴，就是地點不滿意，足足折騰了一年多，這才塵埃落定。

這是一棟住辦合一的綜合商業大樓，屋齡很新，住戶層次很整齊，管理上軌道，租金開價也公道，簡醫師一口氣把一、二樓都租下來，準備打通上下樓層做整體規畫。

但是問題來了：之前房東單純做住家使用，根本和醫療院所需要的開闊空間不符。

當簡醫師提出要把牆面打通、在室內另設一座能夠上下兩樓層之間的電梯時，房東倒抽一口氣，擔憂的說：「這麼大的工程，要不要找人評估看看再說呢？」

簡醫師爽快的答應了：「當然好！爲房屋結構安全著想，這是一定要的啦！我也希望將來能安心的在福地看診啊！請專家鑑定的費用我出……」

鑑定經過：

　　這是一棟包含連續三個門牌號碼的綜合商業大樓，屋齡七年，是地上十二層、地下三層的鋼筋混凝土造建築物，地下室爲停車場，一、二樓供店鋪使用，三樓以上是住宅，本鑑定案標的物位在一、二樓。

　　案主是承租戶，也是一位醫生，想更改標的物原先的住宅用途，變成診所使用，需要拆除一些隔戶牆；並且另設一

建築物改變用途須先請結構技師做評估，一定比先動工再做鑑定來得省錢省事

預定敲除與新增的牆要先與結構技師討論，新增的牆面以輕質材料為佳

座電梯、方便病患上下樓層，不知是否會對整體建築物結構造成影響，因而提出申請鑑定。

更改建物用途，首先須考慮載重問題。於是向原屋主取得房屋的原始設計資料，進行比對後發現，原始設計是以店舖載重量加以規畫成三百公斤／平方米（每平方米三百公斤），和診所、手術室等的活載重相同，所以更改用途作診所使用，符合原房屋設計要求，並不會有害結構。

原屋主提供了非常詳盡的原始結構平面圖、建築平面圖、及相關附件資料，經現場勘查、比對後，發現因使用需求必須打掉的牆，都屬於非結構牆，並不是承載水平地震力及垂直荷重的剪力牆或載重牆，拆除這些沒有結構作用的牆，對於大樓的原始設計的耐震能力並不會減損，但是卻有可能降低原有房屋的耐震能力。

這點需要另外說明清楚，設計的耐震能力並不一定等於房屋的眞正耐震能力，原因是有一部分非結構牆或其他構體，在實際的地震行爲當中會影響房屋的耐震能力，有時候有正面的幫助，有時反而是負面的影響，視整體結構系統的配置情形而定。

案例中要拆掉的這些牆面，正上方、或正下方的樓層位置都沒有牆，屬於上下皆不連續牆，不連續牆對建物的耐震力不但沒有幫助，反而有應力集中的現象，拆掉反倒是件好事。

對於高樓層而言，上下不連續牆，負面大於正面；低樓層則視情況而定。而非結構牆對高樓層建築物影響較小，對低樓層影響反倒變大。

鑑定結果：

經勘察結果，爲變更用途而做的室內隔間改變，完全符合建築物原始設計載重，並沒有增加載重，所以不會影響結構安全。所欲打掉敲除的牆，都是些非結構牆及非連續牆，同樣不致讓耐震能力受損。

至於新設電梯，原舊有的樓梯系統拆除，拆掉的載重量遠比增加的還多，不會造成結構損害，因此做出須委請專業人員設計施工即可施作的鑑定報告，案主委任的工程改裝建築師也立即提出安全證明書，室內裝修工程順利如期進行、完工。

結構技師真心話：

租店面作生意，一定先大刀闊斧改頭換面，不是敲掉什麼、就是加裝什麼，「厝主」（房東）不同意，「厝腳」（房客）拍拍屁股另尋他處開店，一翻兩瞪眼便是了，你說是不是？

像本案例這樣，房東房客攜手，爲瞭解裝潢安不安全，一起找專家鑑定的，實在是少見，卻相當值得肯定，結果也是「雙贏」的局面喔！

這雖已是將近十年前的往事了，偷偷告訴你：這家診所早成爲當地地標，生意興隆；而房東也穩穩的坐收了十年的房租。

所以不管開店做生意也好、租房子也罷，更改裝潢的幅度過大，怕房東反對，地點又好到你捨不得放棄時，千萬不要偷偷施工，建議委請專家做個屋況鑑定，讓專業人士來掛保證。

☑屋主謹愼保存結構設計圖，裝修既順又快

雖然本案已是陳年舊案，但我至今仍印象深刻，另一個主要原因是：鑑定過程相當平和順利，甚至可用一個「快」字來形容——鑑定快、勘查快、結案快、完工快！

爲什麼能這麼「快」呢？和原屋主審愼看待各式各樣藍圖的態度有關。他保留了相當完整的原始設計圖、房屋結構平面圖、建築平面圖、結構設計配筋圖、水電設計圖……，所有蓋房子要用到的圖表資料，無論是立體或平面圖，通通保存完好，一張不缺。對台灣購屋者來說，這種謹愼對待建築物的態度，眞是少之又少了。

正因爲屋主提供鉅細靡遺的房屋起建資料，我們能立刻針對現場和原設計圖做比對、勘查，不必再跑工務局、或市都市發展局去申請調圖，不知節省了多少功夫。

保存仔細又有正確觀念的屋主，讓設計師、技師很快進入狀況，不論在鑑定過程或是裝潢設計方面，都幫了大忙。

我曾不只一次在上一本書中說過（請參考《這樣買房子最安全》），台灣人買房子，重視地段好不好、有沒有增值空間，卻常常忽略結構的重要性。在交屋時，會向原建設公司或屋主，索取施工結構設計圖、配筋圖、建築平面圖、水電設計圖等資料保存起來的，屈指可數。

其實日後要翻修房屋時，這些圖表都是重要依據，可以大大減少施工的冤枉路，少花很多錢，大家卻常常忽略。

☑ 房子原始設計圖是傳家寶，可保命傳家

一九九五年的阪神大地震，是日本二次世界大戰後最嚴重的震災，震垮近三十五萬棟房屋，災情慘重。但是不到幾年工夫，城市新生，建築物的重

建，迅速而有秩序，令人不禁要問：他們是怎麼辦到的？

我曾四度赴日考察，到災變現場尋求答案，發現當地不管是公寓住宅或大廈高樓，每棟都有管理委員會，收藏建築物的原始設計圖，不管遭受水、火、地震等災害，要進行何種翻修，調閱設計圖補強修復，按圖索驥十分方便，難怪重建恢復力驚人，我這才恍然大悟。

如果針對國內屋主來做個調查：家裡（或社區）有收藏結構設計圖、或建築平面圖、水電設計圖的，請舉手……，會有多少人呢？換作是你，正在閱讀此篇文章的你，有嗎？恐怕答案將會是否定的。

下次假使你要買房子，記住我的眞心話：把房屋結構圖、建築圖收藏好，當做傳家寶一樣，它們眞的非常有用，而且，總有一天會用到的。

鑑定案8. 地震後受損屋，做哪項鑑定才對？

故事源起：

民國九十一年三月三十一日下午兩點五十二分，距九二一大地震剛好滿九二一天，台北突然地動天搖。

「夭壽喔！搖得這麼厲害，新房子不知會不會怎樣？阿彌陀佛……」劉老太太緊緊扶住椅子把手，邊唸佛號，一顆心七上八下，跟著動個不停的地面上下擺盪。

好不容易天地恢復平靜。趕緊打開電視探探消息：「……台北剛剛發生了震度五級的強震，正在施工中的台北國際金融大樓，塔式高架吊車因受不了地震搖晃，直接掉落地面，壓毀數台汽車，造成五人死亡及數人受傷。另外，承德路上一棟五樓老舊公寓應聲倒塌，一、二樓前半部全被震垮……」

哇，這麼嚴重的地震！劉老太太心想，得趕緊叫兒子去新蓋好的房子看看，有沒有災情。

難怪她一顆心全懸在新房子上了，那可是砸盡老本的耶！三年前，同宗親戚分到一塊地，邀幾個相好的合蓋成大樓，每個人各出一份錢，大家都是股東，抽籤分樓層，看是要賣要租都隨意，劉老太太打打算盤覺得有利可圖，於是把棺材本都投進去啦。

這下可好，房子才剛蓋好就碰上大地震，難怪劉老太太揪心。兒子回報消息來了：「奇怪，樑柱有裂縫。新房子怎會這樣？難道施工品質不好？」

劉老太太急了；「這可不行！你要跑一趟營造廠，叫他們派專家來現場查看看，哪邊出問題啦，快快快！」

鑑定經過：

二〇〇二年三月三十一日發生的地震，規模六．八，震央雖在宜蘭南澳外海四十餘公里處，卻因爲是淺層地震，再加上盆地的共振效應，台北的實際震度比九二一大地震時還強，也造成一些傷亡，即俗稱的「三三一地震」。

本鑑定案就是在三三一地震後受損的建築物之一，住戶自行檢查後發現二、三樓牆壁、樑柱有多處裂損，對結構安全產生疑慮，因建築物剛建造完工，所以由承包營造廠向結構技師公會提出鑑定申請，針對建築物是否傾斜、及混凝土強度做鑑定試驗。本案標的物爲地上十五樓、地下二層的鋼筋混凝土造建物，屬新成屋。

接獲申請後，會同住戶，針對標的物損害現況做實地勘查，發現樑有多處裂損，最大裂縫寬度約〇．五公釐；部分柱有斜向及垂直裂縫，最大裂縫寬約〇・六公釐；牆壁與柱之間接合處有垂直開裂情形、最大裂縫寬約一・五公釐；部分牆壁磁磚也龜裂剝落；而標的物後方懸臂樑上方外牆鋁窗有多處挫屈的現象。

因委任鑑定的營造廠，主要委託項目是混凝土的抗壓強度及建築物的傾斜測量，所以立即委請測量單位在現場進行牆柱角傾斜測量、室內地坪及樑底高程水平測量。並且在標的物的二、三樓層抽樣選取六處樑、三處牆，鑽取混凝土試體做混凝土抗壓強度試驗。

沒有做耐震結構設計的房子大地震時容易倒塌（日本）

鑑定結果：

標的物傾斜測量結果，傾斜率二千分之一，在誤差範圍內，研判建築物垂直度尚稱良好，沒有因爲三三一地震產生傾斜。

而受案主委託的混凝土抗壓強度抽測結果，除了三樓牆平均強度不滿足原始設計圖所要求強度之八十五%外，其餘平均強度均在設計強度八十五%以上，滿足法規要求，還算合格。

更重要的是，依據委任營造廠所提供的結構設計圖研判，標的物並沒有依據內政部於民國八十六年五月所公佈的「建築物耐震設計規範及解說」來設計。

至於牆、柱等裂縫處，建議適當修復，可恢復地震損傷前的原有結構強度。例如樑柱裂縫寬度超過〇．三公釐處，可將其表層砂漿粉刷敲除成V字形，以環氧樹脂壓力灌入後，再做表層粉刷及油漆；微裂部分則重新粉刷或油漆。牆面裂縫的修復，若牆面裂縫寬度較大者，以水泥砂漿填補縫隙後再粉刷或油漆，所有修復皆應委託專業人員設計及施工。

另外，強烈建議本案標的物應另案施作建築物耐震能力評估，以確認是否需要進一步補強。

結構技師真心話：

如果肚子痛，結果醫生卻叫你做咽喉鏡檢查，會不會感到很錯愕？頭痛醫腳，腳痛卻醫手，本案正是如此！

☑ 選錯鑑定項目，查不出房屋真正病因

要鑑定一棟房子結構安不安全，其實和人做健康檢查的意思是相同的，可以針對全身做詳細檢查、也能只就症狀本身檢查。

對整棟房子做耐震能力評估，就等於做全身健康檢查——原始設計圖的鋼筋比對、混凝土強度比對、房子結構分析電腦模擬……，可明確得到建築物耐震力的現況。這是目前最完整的檢驗方式，即使原先設計、施工有問題，都能透過此種方法檢驗出來，八九不離十，當然花費較高，也就是政府委託學者專家以及國家地震中心研究的成果，現在正大力推動的「建築物耐震能力詳細評估」。

本案例是新成屋，卻在震度五級的地震中就發生損害，必定有肉眼看不出的大問題，要做耐震能力評估的專業檢驗才行，但是爲了省錢或其他原因，提出申請的營造廠只願意做混凝土強度測試、與建築物傾斜測量等兩項，而不

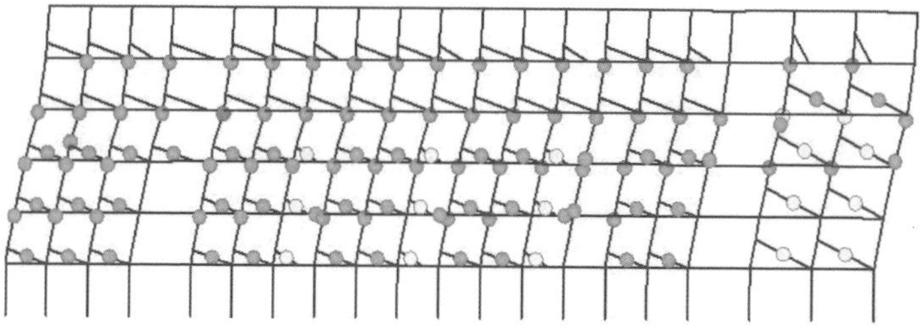

耐震能力評估可以知道房屋現況及補強後的耐震強度以及大地震時的破壞機制

去檢驗原始設計有無問題？鋼筋紮排方式有沒有出錯？申請鑑定的項目不對，根本檢查不出眞正的病因。等於該做胃鏡卻照了大腸鏡一樣荒謬。

☑ 建築物耐震能力詳細評估，問題才會現形

其實本案早在鑑定之初，申請人已敲開一支柱的部分保護層，當時就發現原始設計圖上的鋼筋應排成束筋綁在一起，實際施工卻是鋼筋均勻並排，導致柱鋼筋的間距過密，鋼筋的握裹強度都減弱了。結構設計系統也很紊亂，原本柱子應在同一條線上，但整棟建築物各個構架系統的柱

樑下垂量太大造成鋁窗變形

子都有不連續現象，將近四分之一偏移，等於設計與施工皆有問題。

其他還有很多地方有損害，連外推的陽台鋁窗的窗框都壓彎了。建築物二樓以上最後一排的樓板，用很長的懸臂樑來做支撐系統，懸挑的那一端點往下垂，下垂的量很大，但是一樓有外牆，實際力學行為可以支撐二樓的樑板部分重量，使二樓板實際下垂量減少很多。當地震來臨時，上樓層擺動，下樓層也擺動，上下擺動幅度大，中間的窗、牆等等設備就會被壓壞掉。如果牆內埋設很多水管管線，連水管都會因此裂開、漏水。我建議懸臂樑系統在大樓設計最好不要超過三米的長度，一般公寓則在兩米以內。

假使光看技師出具的鑑定結果報告，屋主劉老太太也許會很安心，因爲建物沒有傾斜問題、混凝土強度也還ＯＫ；但代表這是一棟可以安心住下來的房子嗎？錯！裡面大有玄機。

負責蓋房子的營造廠，挑了對他自己最有利的兩項檢驗項目鑑定，枉顧建築物整體耐震力的詳細評估，這讓參透內中玄機的結構技師我，徒呼奈何！

鑑定案9.陽台外推，打牆無所謂？

故事源起：

匀成、鳳華是一對新婚夫妻，匀成父母把位在北投的出租套房，當成結婚賀禮送給小兩口當新房。雖然才二十坪不到，卻樣樣具備，離捷運站也很近，鳳華滿意極了。只是……

「匀成，你看這個陽台多佔空間！」鳳華打開面向陽台的窗戶說：「假如把牆打出去，多了陽台的空間，我們房間該會有多寬闊！連嬰兒房都省了。你覺得呢？」

「有道理。反正也用不上，白白養蚊子而已。」匀成飛快的親了鳳華一下：「明天我就找師傅來估價，看看打掉一面牆要多少錢，我上班去囉！」

把房間拓寬的工程，在小倆口都有共識下，很快的進入實行階段。

沒想到才剛把牆敲光，樓下就來高舉抗議牌。

「馬先生、馬太太，我們這棟大樓陽台上下都是連續的，」樓下鄰居抱怨：「像你們這樣從中間打掉，不太好吧？」

就連樓上的也跑下來關切：「你們變更設計，有沒有問問家長意見呢？」

當天晚上，勻成父母打來電話，劈頭就是一句：「房子好好的，幹嘛大興土木？對房子有啥不滿呢？」

哇，哪個耳報神！眞是厲害，消息都傳到老人家耳邊去了。

在鳳華的委婉解釋下，長輩氣雖消了，仍忍不住嘮叨：「那邊住的都是老鄰居，既然人家有疑慮，還是別給大家找麻煩的好。」

也罷，勻成心想，不如找專家做個屋況鑑定，或許鄰居們就不會嘮嘮叨叨說閒話，自己也能住得理直氣壯……

鑑定經過：

這是一棟地上十層的鋼筋混凝土造建築物，申請鑑定的標的物位在四樓，供住宅使用。因案主敲掉臥室外牆、將陽台外推，不知是否會對結構安全造成影響而提出鑑定申請。

勘查現場時，標的物室內裝修工程正在施工中，已把連續性的鋼筋混凝土牆打掉，內部隔間1／2B磚牆也拆掉。但又在另一處新增加一道間1／2B磚牆。

陽台外推要謹慎處理牆的問題，最好先與結構技師討論

同時，在鄰居的抗議下，案主在原先打掉的舊牆處，利用「植筋」法補做一道新牆：即在樑上鑽洞，灌入植筋膠後把鋼筋插入，再用續接方式把牆鋼筋綁好，封上模板再灌注混凝土，重新把牆做回去。

鑑定結果：

因標的物鋼筋混凝土外牆已利用植筋法重新修復，整體建築物外牆的連續性恢復完整，建物結構安全暫無疑慮。

至於內部隔間牆雖有局部增減，然而新增的牆載重，並沒有超過原先拆掉的載重，研判應不至影響結構安全。

但是新增的鋼筋混凝土牆，牆頂局部尚有未完全填實的情況，鋼筋保護層恐有不足，建議施工單位應予以填實才能保護鋼筋。

結構技師真心話：

養蚊子的陽台若能變成室內空間，臥室多了一米二以上的寬度，不知該有多好！

很多人都有像本案例案主相同的想法，所以敲掉主臥室的外牆、把陽台外推，是很普遍的作法。

但是，萬一這道牆，這道隔開室內室外看似無啥大用的牆，卻是上下樓層相連續的結構牆時，完蛋了，敲掉它，等於敲掉地震來時的保護層，後果是相當嚴重的。九二一地震時在強震區有很多騎樓倒塌，就是因爲騎樓沒有牆，而二樓以上面臨道路側都有外牆，造成牆不連續現象，這是典型的非結構牆影響耐震能力的例子。

結構牆具有結構作用，尤其是鋼筋混凝土牆，要達到法規基本要求，必須先用電腦去模擬，它在建物的力學行爲中所承受的力量，然後再加以設計。不管是厚度、鋼筋數量、鋼筋號數等等，規定非常嚴謹，而非結構牆就不必，可是實際地震行爲非結構牆也會造成影響。本案案主差點就把對耐震有影響的非結構牆毀了。

如何分辨結構牆、和非結構牆呢？

大於或等於十八公分厚度的磚牆，就有可能是結構牆。鋼筋混凝土牆則是大於或等於十五公分。

遇到這種規模的牆，或所有的鋼筋混凝土牆時，不要亂敲亂動，它們都是有抗震作用的，是結構行爲不可或缺的狠角色，除非萬不得已，否則不要輕易做更動。至於十二公分厚度的磚牆，較無所謂。

鑑定案10.預售屋和原設計圖不符，有救嗎？

故事源起：

「咦，奇怪，為什麼這裡鋼筋露出來？」

謝先生天天去地下室停車、開車，卻第一次看到停車場柱子角落有塊裂縫，裡面的鋼筋大剌剌的裸露在外，或許是以往被停放車輛擋住視線，所以沒留心。

「這可不對勁，房子不是才剛蓋好兩三年嗎？怎可能就裂損那麼大一塊呢？」

越想越不放心，謝先生趕緊跑回家把當年的買賣契約、和房屋所有權狀都拿出來確認一番，沒錯啊，的確是兩年前才交屋的嘛，柱子哪有可能壞這麼快？

謝先生是個做事仔細認眞的人，在學校念的又是營建相關科系，當年和老婆商量著要買房子時，就精挑細選，參觀過無數樣品屋和建案，最後才挑中這家股票公司上市的大型建商所推出的預售屋，熬過了三年蓋房子、繳房款的黑暗期，終於歡歡喜喜搬進落成新居，今天這無意之間的發現，讓他對房屋品質產生了疑問。

「別煩惱了，當年施工時，你不是有到現場去監工嗎？」太太提醒他：「還照了不少照片耶，把它拿出來核對看看嘛！」

一語驚醒夢中人，當年平生第一次買房子，興奮的幾乎有空就往工地跑，這下可眞派上用場。

翻找電腦裡存檔的舊照片，打開檔案一比對，心中的陰影卻越擴越大，「不對，樣子不對……」謝先生決定立刻打電話給當初蓋房子的建設公司，把心裡的疑問追究到底……

鑑定經過：

這是一棟由大型建設公司承建的鋼筋混凝土造建築物，地上十層、地下二層，一樓以上供住宅使用，地下室做停車場，屋齡三年。

因住戶發現一樓與地下室介面的柱鋼筋部分裸露，且懷疑柱子實際施作尺寸與原設計尺寸不符，向原建設公司申訴後，建設公司向台北市結構技師公會提出了鑑定申請。

因此案有可能進入法律訴訟程序，且又是極具知名度的建設公司，十分在意企業形象，處理起來格外慎重小心，確認鑑定要旨後，立即會同委任單位、及標的物住戶共同會勘。

先針對住戶提出的柱子施作尺寸不合事項進行實地測量。現場敲除兩柱混凝土柱外表磁磚及粉刷層後，實際測量得到七十八．五公分×八十公分、七十九．二公分×七十九公分，而原始設計圖上兩柱的結構尺寸皆是八十公

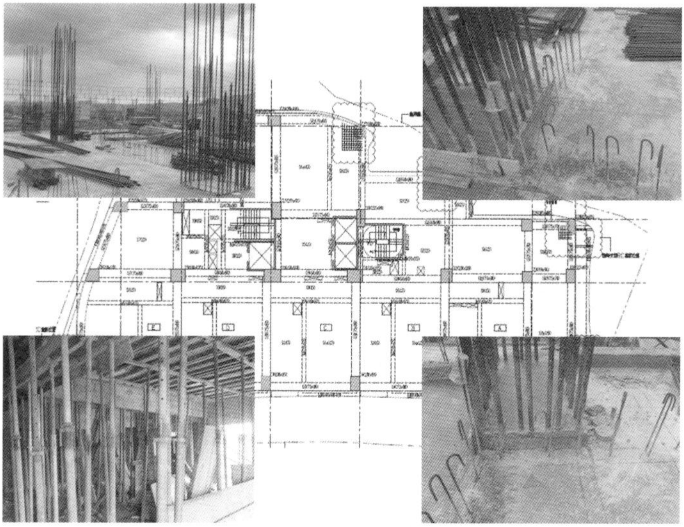

結構體施工重點就是按圖施作，雖然法規有容許誤差的規定，但是仍需由結構技師核可

分×八十公分。

再進一步審視一樓柱底部鋼筋裸露部分，研判應是在大樓混凝土結構體全部澆注完成後，爲測試管線排水，卻發現排水不良，只好再度鑿開已粉刷好的混凝土保護層找問題、重新接管，卻沒有將敲除部分修補回復所造成的。

鑑定結果：

經現場勘查結果，柱子的結構體尺寸與原設計圖比較下，雖略有不足，誤差量卻很小，在可容許範圍內，不致影響該棟建築物結構的安全性。

地下室鋼筋裸露區域，建議鋼筋鏽蝕表面予以去除，並將混凝土鑿除部分補實，磁磚恢復，確保結構安全。

結構技師真心話：

買預售屋，除了交付每期房款，你會到現場「監工」嗎？

本案例中的住戶，不僅親臨施工現場，測量每根柱子的大小尺寸、拍照存證；甚至將工人綁鋼筋的模樣都拍下來，這種態度確實少有！

假使每位消費者都深知自己權益、關心建物施工進程，或許建設公司或營造廠會更認眞蓋房子，不敢再偷工減料了。

不過，本案當事者的態度固然值得嘉許，處理方式卻是不對的。當你在現場比對設計，發現施工未按照原始設計圖做的時候，立刻要將所蒐集證據請教專業技師，會不會對房屋結構造成影響？絕不可以等到整棟建築物都蓋好交屋了，再提出異議。否則很容易被誤會是來「花」（台語，糾纏不清之意）的，不容易被取信。

以本案事主來說吧，因承建公司是大型建商，事主因此被認定意圖敲竹槓，最後鬧到兩造上公堂，小蝦米對大鯨魚，豈不勞民傷財？

03 房屋結構進階篇

如何挑選結構安全的房子

1. 什麼樣的房子，會在地震中垮掉？
2. 如何從平面圖判別房子穩不穩？
3. 如何判斷建築物立面圖好壞？
4. 房子穩不穩，混凝土強度很重要？
5. 混凝土加爐石飛灰，房市未爆彈？
6. 選購房屋如何分辨混凝土強度？

1. 什麼樣的房子，會在地震中垮掉？

有些電視節目，喜歡提供觀眾有關算命資訊，還會幫忙做分類：哪種哪種長相的人，特別容易外遇或專情？長壽或短命？發達或潦倒？每每我看了都會心一笑，眞的準嗎？

就像人有「面相」，房子也有「屋相」——究竟能不能經得起地震考驗，屹立不搖；或是軟弱的像豆腐渣工程垮掉？其實，早在蓋的過

一樓柱之底部主鋼筋不當偏折，造成地震時柱頂比柱底先損壞-1

程中就註定好未來命運了——而且我敢打包票，八九不離十，很準！

爲什麼？這可是經過無數次血的事實驗證下得到的結果。

我曾數度遠赴日本勘查阪神大地震中倒塌的房屋、也曾在九二一大地震時鑑定災害現場，發現會在地震中損壞的房子，幾乎都有著共同的「面相」。

一樓柱之底部主鋼筋不當偏折，造成地震時柱頂比柱底先損壞-2

若想趨吉避凶，趕快檢驗一下，自己正在住的房子，符不符合這些特徵呢？

大凡在地震中會倒塌的房子，多半伴隨著三種症狀：其一是結構系統

不良、其二是房屋沒做耐震設計、其三是施工時偷工減料。若僅發生其中一項，還算單純，不至於病入膏肓；要是合併兩種問題以上，肯定逃不過地震檢驗，八成會倒。

正常的柱子底部會比頂部先壞或同時破壞

在台灣，房屋興建時，因爲沒有實質的監工養成工地不按圖施工的惡習，往往發生學者專家想像不到的狀況，像以往我做過的許多特別的鑑定案一樣讓人跌破眼鏡。

譬如施工時，地下室或基礎的柱子位置不容易準確放樣而隨便放樣，當做到一樓板時發現柱子主鋼筋預留位置偏移，於是偏移量小的直接彎折至正

一樓柱與基礎或地下室柱嚴重偏離，相信這是許多災損的重要原因之一

確位置，偏移量大的甚至把預留的柱主筋切斷，另豎立主鋼筋，直接放在樓板面上。這種情況不只發生在一樓，二樓以上也常見，眞是匪夷所思！

只要柱主鋼筋有微小的偏移量，會使柱子的耐震強度降低約剩一半，地震時柱頂（柱頭）很快就壞掉，這時候大樑都還沒壞呢，房子卻倒塌了。

有些學者專家觀察地震災害之後，發現柱子都比大樑先壞，強柱弱樑的耐震理想不容易落

上下柱偏離，相信這是許多災損的重要原因之一

實，苦思改良對策，殊不知很多柱子先壞的例子是工地擅自偏移柱主鋼筋而引起的，也有很多是樑柱接頭沒有綁紮箍筋所造成房屋倒塌。可見得建築物的結構體施工監督機制很重要，必須要有眞正懂得結構的人監造才行。

另一個必須注意的問題，就是房屋之間要預留適當的碰撞距離，尤其是建築物的規模或構造別（如鋼筋混凝土造、鋼構造等）不同時。在日本阪神地震與九二一地震中，我曾看到很多房屋互相碰撞損壞的案例，卻沒看到因

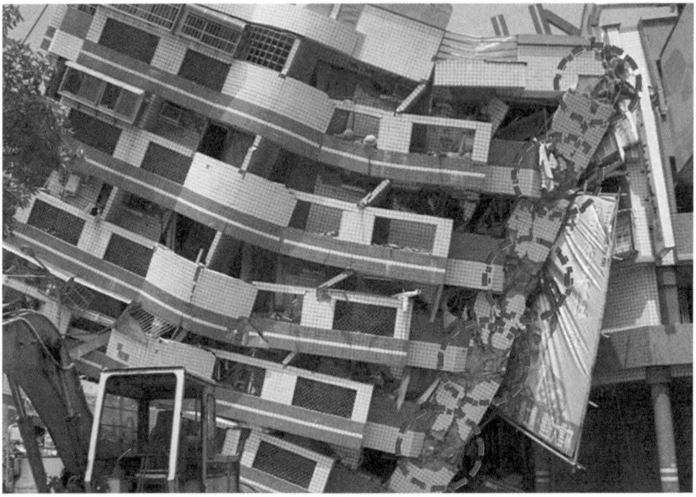

房屋倒塌現場發現樑柱接頭沒有綁紮箍筋

此倒塌的例子，也許因爲倒塌了就看不到碰撞損壞之處。

☑ 台北的老公寓，多半耐不住五級地震

台北地區的房子，別以爲在九二一大地震中沒有損壞，就一定穩穩穩。

根據氣象局資料顯示，臺北盆地從一九〇一年、也就是民國前十年到現在，都沒有發生過大地震，連九二一地震時，震央南

樑柱接頭沒有紮排箍筋，造成地震時柱主鋼筋挫屈現象

投是七級，台北才四到五級，假設今年發生在日本仙台的規模九大地震，發生在台北，結果會怎樣？恐怕盆地內的房子會倒一半！

這絕不是危言聳聽。一百年來，台北地區的房子根本從未經過大地震的嚴格考驗，耐震力夠不夠？不知道。但是我們可以從一些數據中去找答案。

內政部營建署曾做過統計，**全台灣三十年以上屋齡的房子，占全國房屋的八分之三，這些老**

圖示右棟鋼構造的房子因碰撞而損壞，左棟可能不是鋼構造（日本）

地震損壞的裂縫大部分是「X」形（日本）

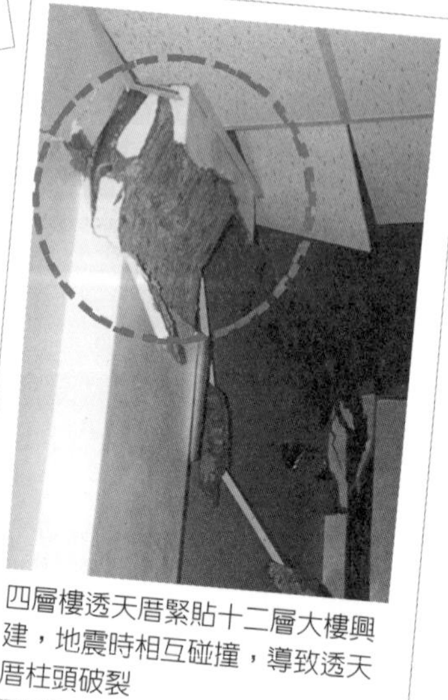

四層樓透天厝緊貼十二層大樓興建，地震時相互碰撞，導致透天厝柱頭破裂

舊房屋「大部份」達不到耐震要求標準，共有多少戶呢？七十五萬棟、三百萬戶人口之多啊！

舊規範的耐震要求遠比現代低，所以老房子本來耐震能力就較為不足，但為什麼強調是

「大部分」而不說是全部呢？原來，有一些老房子的非結構牆，原先不打算它們可以承擔地震力，實際上卻幫忙抵抗了地震力。但是哪些老房子耐震會夠？這要看承造時的結構系統，也就是看運氣了！

當災難降臨，人類會從天災中學習求生之道，好比日本，經歷多次大地震的磨難，都市建築物的耐震設計與施工要求普遍提高。

以這次世紀大震爲例，毀於海嘯的房屋多過地震，就連福島核電廠也沒在地震中垮掉，而是發電機出問題，無法使爐心降溫，最後爆炸造成輻射外洩。基本上建築物若沒被海嘯捲走，都沒什麼大損壞，日本人民也很快從災難中站起來。

反觀台灣，歷經九二一大地震的教訓後，政府與民間才開始注意建築物的耐震要求，之前呢？很多蓋房子的人根本沒有耐震設計的觀念，喔，不是！是沒有「設計」觀念，一本結構計算書只換個封面，蓋下一批房子再繼續「沿用

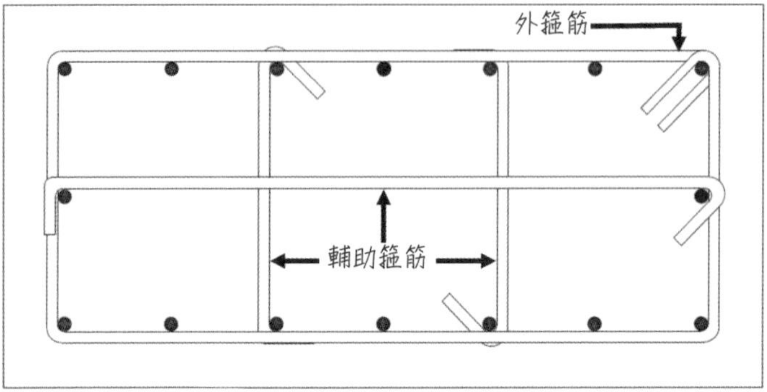

按照規範規定柱子外箍筋的彎鉤為135度，內部的輔助箍筋一端為90度另一端135度

舊版」，尤其是沒有地下室的老舊公寓，使用同一種版本的結構設計書，早已是業界公開的祕密，這些多達七十五萬棟的老舊房屋，耐受得了五級以上地震嗎？

九二一地震剛過後，有一個相關營建的人民團體邀請我去參加座談會，那時候我擔任某結構技師公會理事長。席間，有人氣急敗壞的提問：「以前咱攏想說（ㄍㄨㄥ）厝怎樣起嘛未倒，九二一地震來了後，才知影厝眞正ㄟ倒。」嚇我一大跳，心裡暗想，房子是隨便蓋蓋就可以的嗎？這批人以前怎麼設計房子？怎麼蓋房子的？結構差的建築物，豈有不倒的道理？

九二一地震損壞的柱子沒做補助箍筋，外箍筋彎鉤角度未達135度（虛線圈起處），不符合耐震規定

難怪九二一地震震度不大的地方，房子也倒一堆。

儘管政府早在民國九十二年就已推動建築物「耐震標章」的認證機制，希望不管蓋哪種房子，大樓也好、公寓也罷，起造人、承造人、監造人三方都能提高規畫、施作、監造標準，重視建築物的耐震品質。

令人遺憾的是，並沒有受到大家的重視，認證通過的很少。這也許是蓋房子本來就是一種生意，只要賣得好，沒有售後服務

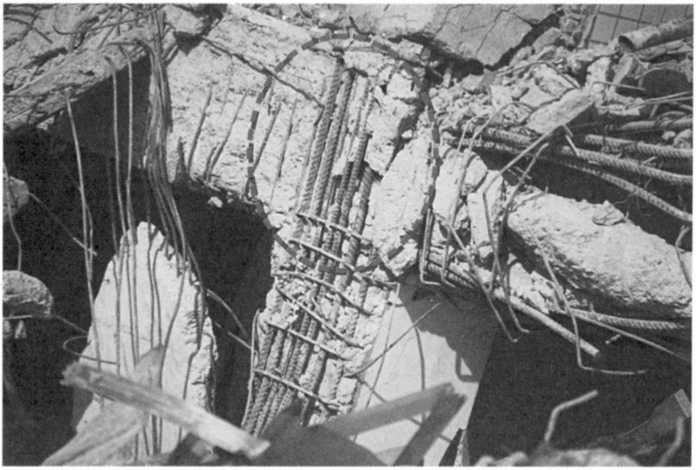

九二一地震倒塌的房屋樑柱接頭沒有箍筋

的問題。有哪一個營造者會希望從設計到施工，每一個環節都有一群專家不斷來監督玩眞的，誰在乎品質，誰就要多花錢，而且房子又不是自己住，大地震也不會天天來，賭一下可以多賺很多錢。

在台灣買房子的，不是投資客，就是重視景觀、造型、燈光設計的豪客，只有少數要自己住、又重視結構安全的客戶，在這種市場環境下，他們想重視結構也無從下手。這可以從申請耐震標章的案件很少，而且已經申請通過的業主，

有耐震設計的房子柱子主筋、箍筋施工不合規定，大地震中嚴重損害但未倒塌-1

通常下一個案子不會再申請的情況看出來。**重點在，第一個案子申請的動機已經不復存在了，這就是工程界沉痾的癥結所在。**

此外，到現在爲止，除了有「施工」的耐震標章個案之外，幾乎難得聽說哪個新建工程案件，有委請結構技師辦理實質的監造，因此，工程品質的保障只有依賴建設公司與營造商的良心，而不是政府執行法律的決心。

從另一個角度來看，社會對房屋結構安全的不重視也令人訝異。

有耐震設計的房子柱子主筋、箍筋施工不合規定，大地震中嚴重損害但未倒塌-2

九二一地震發生至今才不過十餘年，攤開報紙看看售屋廣告，大部分只提景觀、造型、燈光設計、投資報酬率等等，很少有強調結構安全的建案。

好不容易看到強調結構安全的建案，卻是假的制震設計、錯誤的結構觀念，一再的誤導民眾。例如廣告文案說是經過電腦分析設計（哪個案子不是用電腦結構分析設計）？鋼骨結構比較耐震？有基樁比較耐震？鋼筋採用高拉力鋼筋、高強度混凝土比較耐震？……等等不一而足，卻是似是而非的廣告辭彙。

☑鑑定後再補強，為老屋做體檢

從前幾年的海地地震、大陸汶川地震、紐西蘭基督城大震、到今年的日本超級大地震，明眼人一定都發現到了：地震規模一次比一次大、傷亡一次比一次驚人。

台灣能保證永遠都不發生地震嗎？錯！台灣和地震頻仍的日本、紐西蘭同屬長達四萬公里的環太平洋地震帶上，怎可能獨外於區域的板塊擠壓呢？所以，台灣老舊房屋的補強工程，實在不能再拖了，否則難逃大地震的檢驗。

可是，三十年以上的老公寓若要補強到目前法規的標準，恐怕得花幾十萬到數百萬，一般人未必有此財力。**這也就是本書所要告訴讀者的：先花點**

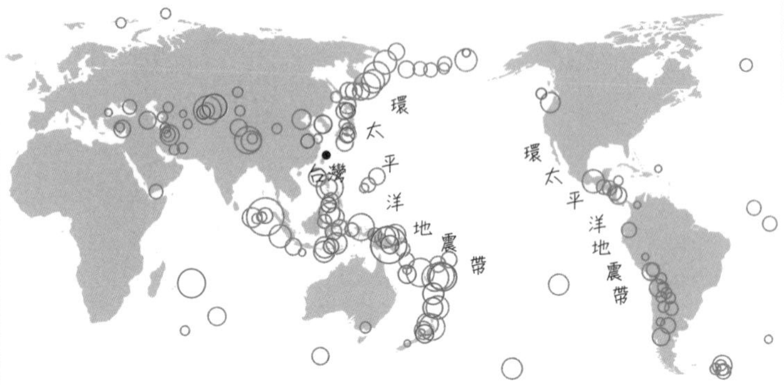

環太平洋地震帶就是沿著太平洋周邊環繞，台灣位在這條帶上
（資料來源：IRIS(Incorporated Research Institutions for Seismology)地震觀測網）

小錢為老屋做鑑定，若經專業技師檢驗結果無啥大礙，就能放心承受地震來臨；若已有結構上的損壞，看看要「補」哪裡？徹底為老屋做個體檢。

至於還沒買房子、或正有購屋計畫、想要買預售屋的，千萬別錯過下面這一章節——影響房子結構體質的重要因素：施工時有沒有偷工減料？看完後你才會有正確概念，然後，再親自去監工吧！

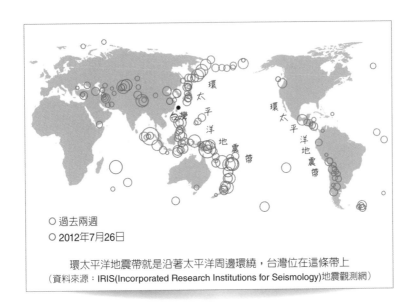

2. 如何從平面圖判別房子穩不穩？

蓋房子一定會有平面設計圖，從上往下看，能看出整棟建築物形狀的，叫「建築平面圖」，不管新、舊成屋，在房屋所在地的政府建管單位，近二十年蓋的一定都能調得到原始設計圖或竣工圖，較早期的就不一定了，這些圖就好比房屋的出生證明，每棟房子都應該「按圖索驥」照著圖來蓋才對，假設建設公司沒有按圖形規規矩矩施工，問題就大了。

話雖如此，可是通常房子住出問題來，找專家做結構鑑定時，我們從建管單位調設計圖出來一一檢測，結果真讓人搖頭：有些圖就像畫「假」的，怎麼能住人呢？

所以學會看建築平面圖，非常重要。基本圖形的判斷，一點也不難。在判別之前，一定要先去除成見——哪家建設公司口碑好、建案蓋得不錯，因此他家蓋的房子肯定都沒問題——錯！同一家建設公司出品、同一個人設計、卻因爲結構系統不同，房子損害程度大大不同，這點可從九二一大地震倒塌受損房屋的情況中得到了明證。

建築物的平面圖形設計，大約不脫矩型、口字型、ㄇ字型、圓弧型、類圓弧型、C字型、十字型、工字型、L型、T型等十種類型。

假設把蓋房子比擬作人，人分好壞，房型也跟人一樣分三六九等，好的設計能通過地震的考驗；不好的設計若先天不良、後天再失調（偷工減料），後果眞是不堪設想。

☑ 十大平面圖形判別，各有玄機

以下教你從這幾種常見的建築平面圖，分析房子結構好壞：

1. 口字型：這是最耐震的結構系統，台北市議會大樓及高雄市政府都長

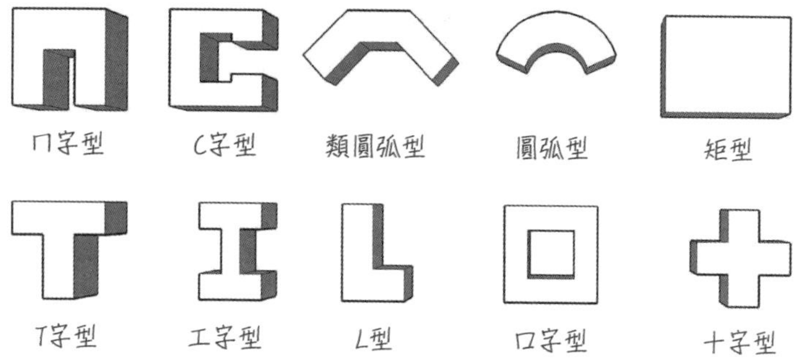

從房屋的平面圖形看結構系統好壞

這個樣子。

2. 矩型：地震來時不易扭轉，耐震能力較好，也是不錯的結構系統。

3. ㄇ型：地震發生時容易扭轉的建築物，倒塌機率高，ㄇ型正屬於此類，是很糟糕的結構系統。

曾經有個案例：一個大型社區共三棟結構體，兩棟呈ㄇ型設計、中間夾著一棟矩型（如下圖），其中一棟ㄇ型建物因面對馬路，所以有騎樓設計，另一棟則無。當年九二一大地震發生時，很奇妙的，同一個社區、同一家建商蓋的、同一個建築師設計的三棟建築物，命運卻大不相同：夾在中間的矩型建物完好如初；沒面馬路的ㄇ型建物，僅大部分的一樓柱頭破裂，沒有倒塌；而面對馬路的那棟ㄇ型房子，卻完全垮了，還造成傷亡。怎麼會這樣呢？

ㄇ型結構本來就不耐震，再加上騎樓設計本身並沒有牆，變成了樓上有牆、樓下無牆的軟腳蝦，雪上加霜的結果，使得面向馬路的ㄇ型房子，難逃三棟建物中受傷最慘重的命運。這是活生生的真實案例，不可不慎。

4. 圓弧型、類圓弧型：地震來

ㄇ型建築物在地震過後牆裂損嚴重（台北）

容易扭轉，結構系統不佳。

5. C字型：是所有結構系統中最不好的設計，比ㄇ型還差。

6. 十字型、L型、T型：這三種基本上都是由一橫一豎的直線交會出來的圖形，結構系統介乎最好與最壞之間。如何判斷好壞呢？

街角的房子地震行為類似C字型的房屋，地震時容易扭轉（日本）

當建築物以線條方式設計成橫豎交會時，若上下兩端都很長，連接處在地震發生時，擺動量會很大，受的力也大，樓板容易裂開，遠端的牆面、樑柱就很容易壞掉。

但若是一短一長，不管是橫的很長、豎的很短；或橫的很短、豎的很長，結構系統的受力行爲接近矩型設計，整體系統還算不錯。

假設以數學圖形來說明，若建築物設計成一短一長交會的X軸與Y軸：當地震來時，較短的水平方向的X軸，左右擺動量小；若設計成兩端皆長的X軸與Y軸，上下凸出區塊擺動量會相當大，X軸與Y軸交接處就有應力集中的現象，這下慘了，不管樓板、牆面、樑柱都會遭殃，尤其是整棟建築物交會的樓層，受力最大。

同理ㄇ字型的下垂的兩隻腳短，水平向一字型的部分長，則結構系統就會比較好。

7. 工字型：和上述類似，也是由橫豎線條組成的結構系統，許多公家機關、學校經常設計成這種型態。

中間那一段不要太長，上下兩橫絕對要短，越長越不好，否則Y軸方向的地震來臨時，上下兩橫的擺動量會比中間那一段大很多；反之，X軸水平方向的地震來時，中間段的擺動量遠比上下兩端大，擺動量不平均之下，大小接合的地方當然就裂開了。

☑ 設計失當，天堂地獄一線間

看到這裡，感覺出來了嗎？

若把平面圖形分成「優」、「尚可」、「差」、「極差」四個等級，那麼，口字型、矩型設計算優等生；十字型、L型、T型、工字型算尚可；圓弧型、類圓弧型算是較差的設計等級；最爛的當屬ㄇ型和C字型設計了。

不過，建築物的平面圖形設計是相當繁複、嚴謹的工作，每一個環節都需要設計者從結構系統不斷仔細檢查，並沒有一定的公式，有時候一個小地方出錯了，設計圖可能立刻從優等生變成劣等生。

好比說，「口」這個字，其實和「ㄇ」、「C」都很像，「口」少一撇；就變成「ㄇ」；「C」多加一畫，就成了「口」。

曾經有一棟設計成口字型的建築物，原本是極佳的結構系統，卻因在某一區域做了電梯設計（如圖），每一樓層都必須挖空互相連通，讓閉合且連續性的樓板像被開了個大洞，好比完整的口字型，中間斷掉了，豈不就變成「ㄇ」字型了嗎？建物平面圖立刻從最好變最糟。

解決方案可以將樓梯或電梯以突出建築物的方式，做在外面，樓板的連續性就不會遭到破壞了。在中南部，有多電梯大樓都是將電梯朝外設計，既兼顧美感、又達到穩固建物安全的目的，效果不錯。

總之，平面圖形中最好與最壞的等級，稍不注意，馬上就是天堂與地獄的差別啊。

3. 如何判斷建築物立面圖好壞？

建商在推大型建案時，通常會在招待中心放「未來」蓋好的社區模型或是建物立面圖，消費者常常是有看沒有懂。

以下介紹七種常見的建物立面圖，以最簡單的方式讓你看懂立面圖玄虛。

從立面圖可以看出建築物的正面、背面、左右兩邊及側面。空白處代表沒有牆、開放空間或騎樓設計——挑空範圍越大越不好，尤其是開放空間設計更是軟腳蝦，牆面無法從上層延續到下層，結構系統會變軟弱。或是一樓正中央是挑空的大廳設計，柱子的高度變成兩層樓或三層樓高，使局部系統變弱。這種結構設計能避免就避免，不能避免就把範圍變小，減少危害度，然後在其他地方增加強度勁度，設計時增加局部脆弱處的強度，檢討大地震來襲時可能提前損害的地方。

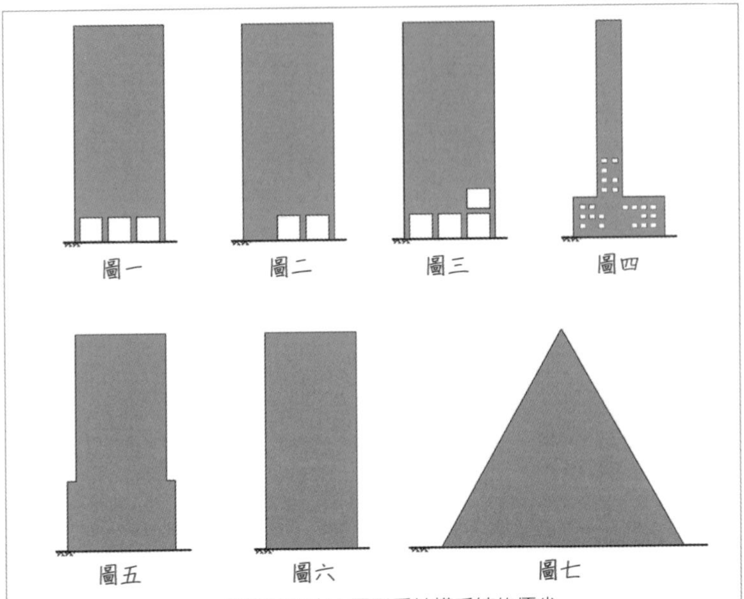

從房屋的立面圖形看結構系統的優劣

這項工作非常繁瑣，常常會比重新設計一棟新房子更麻煩，對技師而言是沒有增加報酬的額外工作量，不但要有良心，還要夠專業的技師才做得到。

從以上原則你會發現，圖一、圖二、圖三是結構設計最不當的立面圖，若只有中間設計空白還有方法補救，兩邊都呈現空白狀況就非常不妙。

圖四的立面設計，當

日本阪神地震中房屋立面不規則造成應力集中的損壞案例-1

地震來臨時，上下相接觸的地方，會產生應力集中現象，於是處於這附近樓層的樑、柱、牆面都容易裂開，也非好的設計，在設計的時候要特別加強。

最好的當屬圖五、與圖六，房子方方正正的，下面稍微比上面大一點的，地震來臨時擺動量小，也沒有開放空間或挑高兩三層樓的大面積大廳、騎樓等設計，是不錯的結構系統。

說到這裡，不得不佩服古人的智慧。

日本阪神地震中房屋立面不規則造成應力集中的損壞案例-2

你知道全世界最好的結構系統是哪一棟嗎？說出來怕你嚇一跳——是圖七的金字塔！幾千年前的古埃及人所發明出來的建物系統，有太多值得我們學習的地方。

每一棟建築物都是愈下面，所受的力愈大，愈高就愈小，金字塔下寬廣上狹長的造形設計，使它能夠屹立在地面上，抵禦了數千次的大小地震而不動搖。

如果看到類似金字塔型的建築立面圖設計，那絕對是可以長住久安的，放心買下來吧。但是如果最

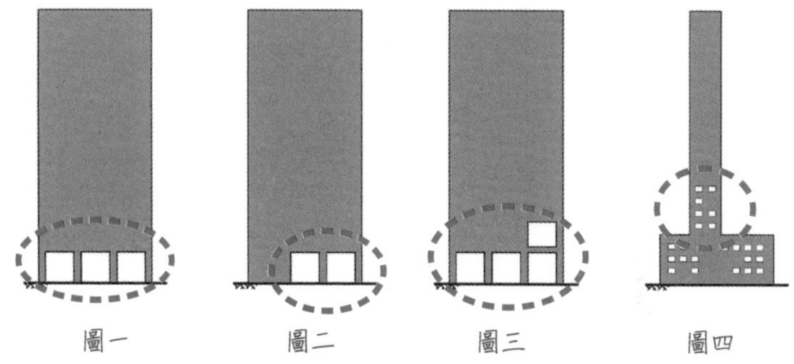

立面不規則的結構設計必須特別加強的區域
（如虛線圈圍處）

高點不在正中央，偏一邊，那就必須注意基礎的情況，避免有不均勻沉陷造成的傾斜現象，在台灣已有幾個這樣的案例。

因爲業主的要求，結構技師難免接到以上圖一到圖五的案例，我也不例外。爲了保障居民在大地震來襲時的安危，設計這種案子要特別細心檢討與加強脆弱的區塊。

4. 房子穩不穩，混凝土強度很重要？

從事結構鑑定工作將近四十年，看過無數房屋災損現場，做了不數百次的勘驗與檢測，我有很深的感慨：百分之八十發生問題的房子，都斷送在原始結構設計不良和偷工減料上。

不是結構設計胡亂做、根本沒有耐震設計，或是討好業主將設計應力打折計算、減少樑柱斷面尺寸及鋼筋量；要不然就是「偷」——偷工、偷材料、偷鋼筋、偷水泥。在業界幾乎有反淘汰的現象，好好做的反而會拿不到案子，這是最嚴重的問題。

例如：磚塊與磚塊間填縫不確實，減少水泥砂漿用量，尤其是窗縫附近，讓滲水幾乎找不到原兇；鋼筋根數變細也變少，該用四號鋼筋變三號、七號變成六號；十二根變十根，八根變六根，房屋強度因此變弱。就算材料不偷，也會「偷」在作工上。

好比鋼筋彎鉤要做一三五度，貪圖施工方便只做九十度；樑的鋼筋一定得排在柱子內，爲求好做就隨便排在外面，箍筋不確實，鋼筋間距也亂搞一通。下場是什麼？倒楣的老百姓，窮一生積蓄買來的房子在地震中毀於一旦，甚至失去寶貴性命。

☑ 混凝土品質決定房子的穩固性

還記得嗎？十三年前九二一大地震中，台北地區倒塌情況最嚴重的新莊「博士的家」，不是因爲地震太強被震垮，完全就是上述人爲疏失所造成的：配筋圖的尺寸不僅不相符，箍筋間距還遠遠超過建築技術規則第四一〇條第四款所規定的十公分；混凝土抗壓強度不足而且偷加水，違反建築技術規則第四〇八條每平方公分不得少於二一〇公斤的規定；再加上灌漿不足，部分結構甚至完全沒有混凝土保護層（資料來源：台灣板橋地方法院刑事判決九十年度訴緝字第一三六號）。

「博士的家」是全台灣唯一一棟施工品質不良、偷工減料的社區大樓嗎？絕對不是。只是因爲它倒塌了，死了太多人（四十五條人命），證據才顯現出來。

根據我在業界多年的經驗，這種問題很普遍，尤其是民國八十年以前蓋的五樓以下公寓，偷工減料的比例相當高。

有鑑於此，有必要和讀者特別來談一談偷工減料中經常被忽視的建築材料——混凝土的重要性。

如果你看過我的上一本書《這樣買房子最安全》，一定知道，我對RC（鋼筋混凝土）造的房子最爲推薦，儘管鋼骨結構當道，但我認爲只要好好設計、謹慎施工，鋼筋混凝土造的房屋耐震力及強度絕對不比鋼骨大樓差，甚至超越鋼骨構造。

爲甚麼呢？正因爲混凝土的品質能主宰房屋結構的安全性，是蓋出穩固房子的重要角色之一。

☑ 混凝土加多少水是大學問

混凝土的組成公式很簡單：**石頭＋砂＋水＋水泥＝混凝土**。這麼單純的混拌過程卻有著外行人不理解的大學問，嚴重影響了房子的強度。

好比說，困擾房市將近二十年的海砂屋問題，就是將混凝土組成份子中的「砂」，用含鹽分的海砂取代，使得鋼筋腐蝕，房子提早報銷。可見混凝土有多麼重要。

水泥加水會形成膠體，把砂跟石頭黏結起來，然後變成堅硬的混凝土。在這個過程中，一部分水變成結晶水，其他的水分會蒸發掉，蒸發掉的部分變成了孔隙或裂縫，類似稻田乾縮泥土會裂開一般，屬於正常現象，所以混凝土在乾燥過程中一定會收縮。

混凝土品質較好震裂後碎塊較大且碎塊外觀尖銳

技師在做鋼筋混凝土建築物的設計時，通常有一種「最小鋼筋量」的規定，不管樑柱、樓板、牆面任何地方的鋼筋，都要確保混凝土在乾縮過程中能抵抗溫度的熱漲冷縮，不致斷裂；假設整塊混凝土包覆的鋼筋量太少，當混凝土開始乾縮時，鋼筋就撐不住了，有可能會斷裂。

學問來了。混凝土該加多少水，才是正確的呢？

混凝土內若加越多的水，看起來體積變大，其實只是虛胖，多餘

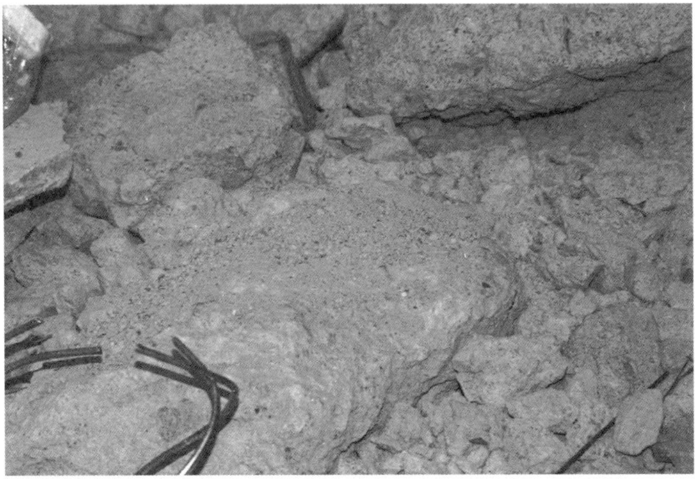

混凝土品質不良震裂後即成碎塊且碎塊外觀圓鈍，混凝土顏色偏白（九二一地震）

的水會蒸發掉，蒸發掉的部分通通變成了孔隙、裂縫。

假設三十%的蒸發量，多加一倍水，蒸發量多三倍，裂縫、孔隙變好幾倍；混凝土的裂縫一旦變大、孔隙變多，強度自然降低了；此外，保護鋼筋及維持水泥膠結功能的鹼性也被稀釋了。

好像一個人罹患骨質疏鬆症，稍微跌倒骨架都散了，房屋裡的混凝土都得了骨質疏鬆症，這還得了？偏偏**為了讓混凝土容易灌注，偷加過量的水是稀鬆平常的事，消**

費者大半被蒙在鼓裡。

☑ 水灰比太高，混凝土強度差很大

混凝土有一個「水灰比」，就是水和水泥的重量比例，水灰比的比例愈高，代表水的使用量愈多，水占的百分比才會愈多。

假設水灰比是〇．四五，也就是水和水泥的重量比例是〇．四五，混凝土的抗壓強度能承受二百八十公斤（每平方公分的混凝土能抵抗壓力的強度）；結果施工時爲了讓預拌混凝土比較好灌，偷加了水，讓水灰比變成〇．五，抗壓強度馬上降到二百一十公斤（公斤／平方公分），每平方公分的混凝土強度就少掉了七十公斤！

如果這些偷加水的混凝土是用來灌在樑柱子上，以柱子的斷面尺寸九十公分乘九十公分來計算，列一個簡單的數學公式，你就知道有多麼驚人了：

（280－210）×90×90＝567000kg，看到沒有？**只因為多加了〇．〇五的水，一根柱子就損失了五百六十七噸的強度**！

混凝土加水的多寡，是非常可怕的事，力量之大，會影響到房屋的強度及耐用年限。

但是，還有另一個更可怕的問題，恐怕會是下一世紀的的「屋癌」，下一章告訴你。

5. 混凝土加爐石飛灰，房市未爆彈？

前面提到混凝土加水是嚴重的大事情，但是還有比它更大條的。畢竟，稍微懂施工的人，都知道混凝土加太多水是不對的行爲，頂多只敢偷偷的加；但是近幾年來，有一種添加在混凝土裡面的東西，不僅大家明目張膽的加，加了不怕你知道，甚至還有專家學者大肆鼓勵，蔚爲流行，而不知其背後的風險性。就像長期在食物裡添加塑化劑，久而久之竟變成正常化行爲一樣，這不等於是埋下未來房市的未爆彈嗎？

這麼可怕的「添加物」是什麼？那便是爐石粉和飛灰。什麼是爐石粉和飛灰呢？爲什麼會和混凝土扯上關係呢？

☑ 工業廢棄物大變身，營造材料新寵兒

鋼鐵工業煉鐵過程中，會產生一種廢棄物浮在煉鋼爐上的爐渣，經噴水急速冷卻碎裂成粒狀後，研磨成粉末，就叫做爐石粉，可以取代部分水泥，變成水泥的替代品，叫做高爐水泥，成本遠比水泥便宜。

本來是不要的廢棄物，必須花錢把它處理掉，轉眼間變成有經濟價值的產物，身價大大不同。國內最大製造來源是中鋼，爲此專門成立了一家中聯資源公司進行生產、處理。

飛灰則是火力發電廠，例如台電，以粉煤爲燃料產生的副產品，隨煙到處飄浮會造成空氣污染，於是用靜電集塵器把它收集起來，非常輕，就像粉末一樣，像爐石粉一樣可以取代部分水泥。

不管是爐石粉或飛灰，通通是有害環境的廢棄物，早期中鋼都是花大錢用海拋方式處理，後來聯合國保護海洋生態，通過了防止廢棄物污染海洋公

約，中鋼只好另起爐灶研發出新的用途，添加在混凝土中使用，因爲減少水泥使用量也解決廢棄物處理問題，所以也算是節能減碳的環保作法。

☑ 大型水壩工程建設，爐石飛灰貢獻大

在國外，將爐石粉與飛灰用於混凝土的實例很多，尤其是用在大型水壩工程的建設上，若添加比例正確，的確既可廢物利用、又能資源回收、並且進一步節省水泥、增加混凝土流動性、減緩水化熱的生成，好處不少。

它根據的原理是：混凝土加水變成膠體，把砂跟石頭黏結起來的凝固過程中，會釋放出熱量來，整個施工過程裡，水泥溫度不斷升高，混凝土的體積也不斷膨脹，但是一旦等它慢慢冷卻，混凝土收縮後就產生裂縫了，自然難逃滲水等問題。

假設水泥灌漿的體積很大，例如蓋水壩，好幾公尺厚、幾百公尺長的混

凝土，又長又深，這種「巨積混凝土」的水化熱是散不掉的，會儲存在裡面，等到混凝土開始冷卻收縮，不就有一堆裂縫、滲水的問題跑出來了嗎？

所以早期蓋水壩，必須先在壩體內埋冰水管降溫，或是用冰水攪拌混凝土，避免溫度升高。自從用爐石和飛灰取代部分水泥後，混凝土釋放熱量的速度變慢，也就減緩了混凝土膠結反應的速度，溫度不至於升得很高很快，水壩當然比較不容易產生裂縫。

將爐石粉和飛灰添加在混凝土裡使用，還有另一個好處：它們的化學反應速度比水泥還慢，在混凝土慢慢形成膠體的過程中，會把水泥沒有填滿的孔隙填滿，不易中性化或產生裂縫，對混凝土的密緻程度有不少幫助。

☑ 添加過多，問題大條

這麼看起來，用爐石粉和飛灰來取代水泥，似乎只有利而沒有弊，又可

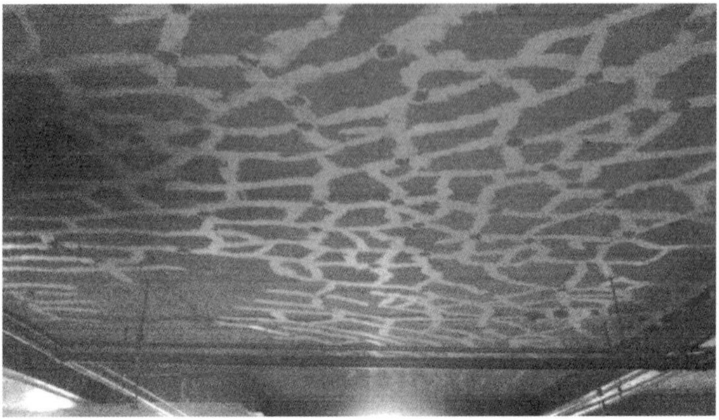

樓板疑似添加太多爐石、飛灰粉，使混凝土收縮量遽增樓板龜裂

以大幅降低營造成本，建商何樂而不爲？問題就出在這裡——加多加少，結果差很大！

前面提過，混凝土的成分就是水＋砂＋石頭＋水泥。在混凝土凝固硬化過程中，過多的水分會蒸發掉，砂和石頭完全不會收縮，只有水泥具備膠體作用會收縮。若使用水泥量體積較多，收縮量自然就越多。

可是爐石粉和飛灰的比重比水泥輕，水泥比重約三．一五，爐石粉約二．九，飛灰約二．一，混凝土拌和時是用重量做比例的，**假設一公斤水泥用**

樓板疑似添加太多爐石、飛灰粉，因混凝土大量收縮使樓板撓度大增成波浪狀

一公斤爐石飛灰來取代，體積會比水泥大很多，不僅膠體量大幅增加，乾縮量也隨之變大許多。

這代表什麼意義呢？**建物會因此產生很多裂縫、孔隙，而且很快就會出現。最容易看到的是樑的裂縫、牆的裂縫，**如果連柱子也出現裂縫，表示問題相當嚴重了，因爲柱子經年累月呈現受壓狀態，不太容易產生裂縫，一旦連柱子也中獎，那麼混凝土強度根本不行，鋼筋容易生鏽，房子使用年限也大大降低——這全是添加太多爐石粉和飛灰，或又偷偷加水所造成的後遺症。

疑似添加太多爐石、飛灰粉，因混凝土大量收縮使柱子產生不規則裂縫

除此之外，混凝土中加了爐石粉和飛灰，會降低本身的鹼性，這也是很恐怖的事情。

讀過國中化學的人都知道，氫氧根就是鹼，混凝土內有高量的氫氧根，所以屬於強鹼，PH值高達十二；但大家不知道的是，鋼筋被包覆在混凝土內，之所以能夠不生鏽，就是因爲這種強鹼性的環境在鋼筋表面產生一種鈍化膜，靠著這層鈍化膜，隔絕了空氣中的酸性，保護了鋼筋。

可是爐石粉和飛灰本身並沒有鹼的成分，在形成膠體的過程中反而會用掉鹼基（氫氧根），也就是鹼的來源，若沒有適當配套作法，改善爐石飛灰所消耗掉的鹼，那可慘了，混凝土的鹼性降低，空氣中的酸（氫離子）將附著於混凝土表面，開始老化，假設混凝土中性化程度越來越深，鋼筋就會生鏽，強度降低，房屋耐用年限勢必受到影響。

灌注柱子混凝土時不當使用震動器，使爐石粉析離上浮形成厚度一～二公分之爐石粉末脆弱層

另外一個嚴重的問題是，加了爐石粉與飛灰的混凝土性質與純水泥的混凝土有很大的差異，如對水的敏感性、流動性、凝固時間等，但是相關業者工作人員並未充分瞭解，還是按照以前的方式施作、照樣偷加

水、用震動器，結果出了很多問題。

☑ 成本考量，規範不易

所以**混凝土內添加太多爐石粉和飛灰，可預見的壞處至少有三點：建築物裂縫與孔隙變多、鋼筋容易生鏽、混凝土強度不足**。

但是國內使用爐石粉和飛灰來取代水泥蓋房子，二十幾年前就開始了，有沒有地雷爆開？其實有，在九二一大地震受災戶中很明顯的看到了。

好比南部有個社區倒塌，從破裂散落的混凝土塊中發現，整體顏色偏白，有點像粉筆灰，這就是爐石粉，而且是規格不正確的爐石粉，很有能是爐石粉研磨不夠細、摻太多、或者不是快速噴水降溫的產品。

北部災變倒塌現場，破掉的混凝土顏色也偏白、一經碰觸立刻鬆散，代表混凝土的強度很差，耐震性能弱，不是加了過量的水、就是爐石粉加太多

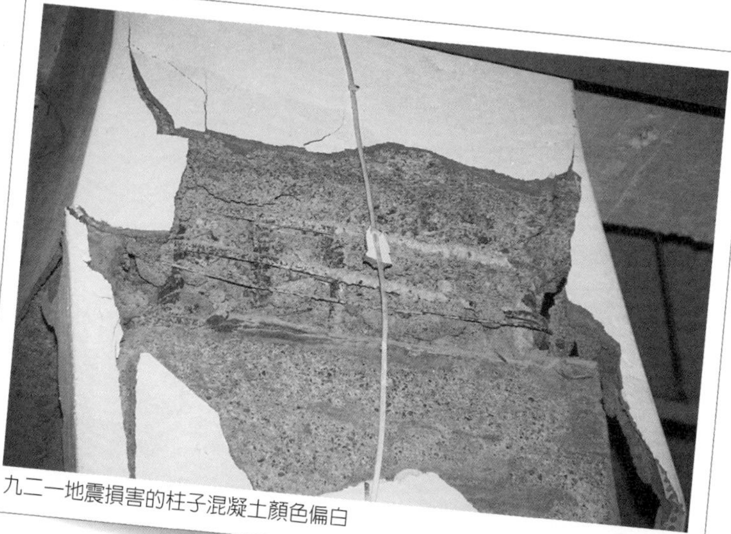

九二一地震損害的柱子混凝土顏色偏白

上圖柱子損害掉落地面的水泥塊四散

連續壁壁頂浮漿形成白色層狀硬塊，這不是一般水泥的生成物

惹禍。

房屋市場中還有沒有未爆的地雷屋呢？依據我對台灣營造環境的瞭解，可以肯定告訴你：絕對有，而且很多！

爲什麼？因爲要節省營造成本。

水泥是所有混凝土拌和材料中費用最高的，爐石粉和飛灰卻很便宜，飛灰甚至不要錢，去發電廠載就有，等於加越多越省錢。

如果一百公斤的水泥用量，其中五％的重量用飛灰、二十％以爐石粉取代，就可以省下四分之一的水泥費用，假如眞是用這個比例的取代量那也還無傷，但是據瞭解，目前的水泥取代量經常是三分之二，這樣好的利潤落到誰的口袋？預拌混凝土場、營造包商或建商？誰不想賺更多呢？這是人性的大考驗。

☑ 未來建築物地雷，影響結構安全

其實前面也說過，混凝土中添加爐石粉和飛灰是有好處的，在於加多加少的問題。

國內的混凝土施工規範雖然有規定建築物混凝土的水泥取代用量最多是從一五%到二五%，而且有一大堆的配套措施及注意事項，但是遵守的建商有多少呢？

我曾聽說，台灣水泥工廠的添加比例是水泥、爐石粉、飛灰各三分之一；或是水泥占五十五%、爐石粉占四十五%。甚至有預拌混凝土廠買了爐石水泥來，自己再加爐石粉、飛灰；到了施工的時候又加水、用震動器，從上游加到下游，不利於房屋結構強度的因素層層疊疊加下來，蓋好的房子怎麼可能會安全呢？

而且爐石屋受災戶鑑定不易、檢驗費用昂貴，營造廠商一來施工專業知識不夠，二來「賭」你驗不出來，三來又有專家學者背書，於是大家都拚命的加、加、加！

我曾鑑定過幾個申訴案件，新成屋剛交屋而已，牆面、樑卻裂得很嚴重，我研判混凝土中添加的爐石粉至少超過水泥用量的一半。

目前國內大多數房子幾乎都是用爐石水泥蓋出來的，我深信這些絕不是個案，而是通例，有問題的只是冰山浮出的一角而已。

每個世代的建築物會發展出不同的特色，相對的也會產生不同的弊病來。好比國內七、八〇年代爆出輻射屋、海砂屋等地雷，用含輻射的鋼筋蓋房子、含鹽分的砂做混凝土原料，留下一堆至今尚未解決的禍害。剛開始這麼做時，覺得不妥卻不深入瞭解或漠視問題，等到出事了，大家才知道問題的可怕性。

將工業廢棄物轉化爲營建材料，既環保又節省資源，是很好的做法，但是應該在業者偷跑之前，廣爲宣導新材料的特性以及應注意事項，研發簡易的驗證方法，並研擬好製作及施工規範，才可以開始推廣。而不是由專家學者在規範之外推波助瀾，只談好處不提缺點，只教大家多多採用，而不提該怎麼用、該用多少與注意事項。讓業者逾越法規與設計規範，既賺黑心錢又找到合理的藉口，這種行爲，實在讓我很無言……

我敢斷言，未來建築物劣質化的重要因素之一，肯定是爐石粉、飛灰等添加物所造成的問題，若政府再不硬起來強制規範、檢驗，這將是下一世代必須共同面臨的房市未爆彈。

6. 選購房屋如何分辨混凝土強度？

混凝土的施工品質，對房子的結構安全而言，實在太重要了，在九二一大地震中倒塌的房子，絕大部分混凝土的強度都不夠，所以消費者在選購住宅時，千萬不要光看裝潢美不美觀、地段好不好，建築物建材與結構好壞，才是更需要考量的重點。

大家心裡一定有個大問號：外行人如何去判別成屋混凝土品質是好是壞呢？別急，只要幾個小道具，下面教你一個簡單判斷的好撇步。

☑ 白紙加小榔頭，聽出清脆好聲音

看房子時，準備一張乾淨的A4白紙，一根小榔頭，先找到樑，把白紙墊在樑側面上，輕輕的敲一敲，聽聽看聲音，是清脆高亢的；還是低沉笨重

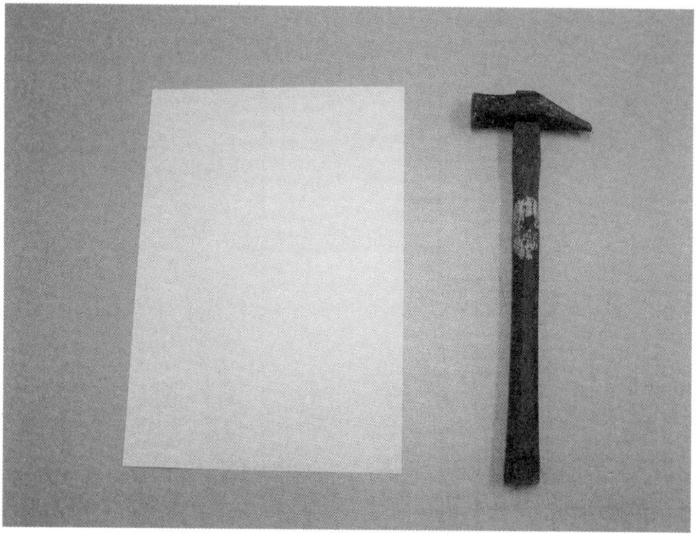

一隻榔頭和一張白紙可以為您帶來意想不到的保障

的？若屬前者，表示混凝土品質不錯，後者當然就差了。

道理很簡單，**混凝土越硬，像鋼製品，敲擊下頻率較高，自然聲音清脆。**敲擊點很重要，敲牆、敲柱都沒用，**一定得敲樑，而且不能敲擊樑的**角落，很容易把樑敲破，那麻煩就大了，**要選擇樑的側面**，不需很大力氣，能聽出聲音高低。

就像婆婆媽媽在菜市場挑選蘿蔔一樣，輕輕用指頭敲

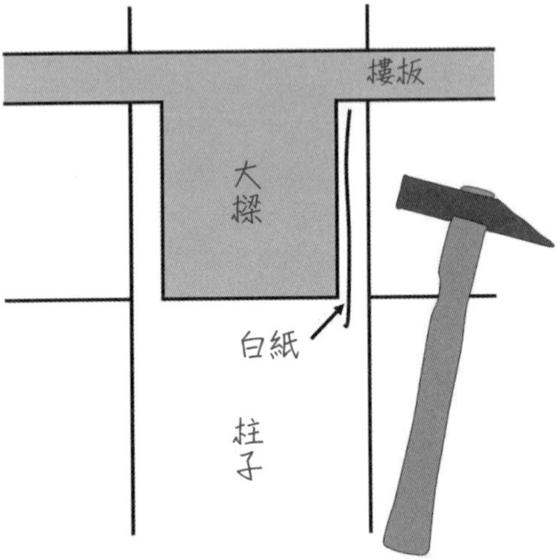

輕敲樑側聽聲音測混凝土強度示意圖

敲，久而久之，自然能練就挑蘿蔔的好耳力，聽出空心菜頭的頻率。同樣的，帶著小榔頭多敲幾棟房子，你會發現，每間房屋混凝土的聲音眞的各有高低不同，品質的祕密就藏在這些聲音裡。

養成習慣，到親戚朋友家作客時，隨手敲一敲；甚至上班的辦公室地點也能練習一下，每樓層都去敲一敲，因爲各樓層的混凝土強度不見得一致。

我估計，只要敲過五棟不同房子的樑，大約就能分辨出聲音的清脆與低沉，這是個不花本錢、又快速上手的混凝土強度判斷法，值得一試。

除此之外，選擇有信譽、口碑好的建商，蓋出來的房子較能讓人放心。因爲結構系統不好的建物，多半是由不重視結構的建設公司蓋出來的，不僅不會找專業結構技師設計，結構體亂做，連施工也容易偷工減料，更不可能好好做耐震設計，混凝土強度又怎能不出問題呢？

後記——結構鑑定技師，工程界的福爾摩斯

工程的鑑定就像解謎一樣，除了特別的情況之外，絕大部分的鑑定案，當技師第一次去現場初次勘查時，就必須弄清楚建築物的概況與鑑定申請人的需求，同時還要判斷出工程問題的癥結，此時，雖尚未出具最後的鑑定報告書，其實技師心中早已有了初步的結論了，您可能想像不到吧？

同時，技師還要找出能夠證明他最後結論的方法及工具，這些方法及工具就是前一本介紹房屋結構安全的書《這樣買房子最安全》、及本書內容中所提到的「十大鑑定房屋結構利器」。當然，還有很多鑑定工具與試驗方法，因爲太艱深複雜，而且實際發生機會不多，在這裡就不詳談了。

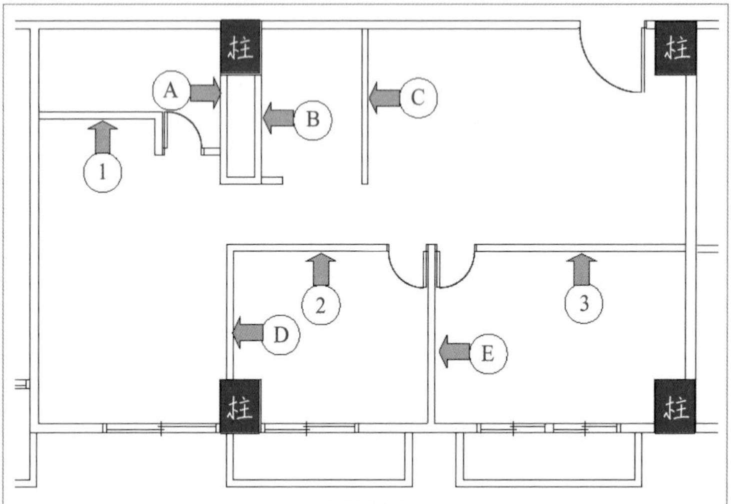

平面圖例

當量測、分析或試驗的結果與初步結論不同時，那就必須重新研判、重新試驗或量測，這就有如醫生在研判病情或偵探追查線索一樣。

紙上教學，看技師如何抽絲剝繭

讓我們來舉例說明怎麼利用這些工具吧。譬如有一間房子平面圖如上：我們把牆依牆的走向分類，沿X座標方向的編號爲1至

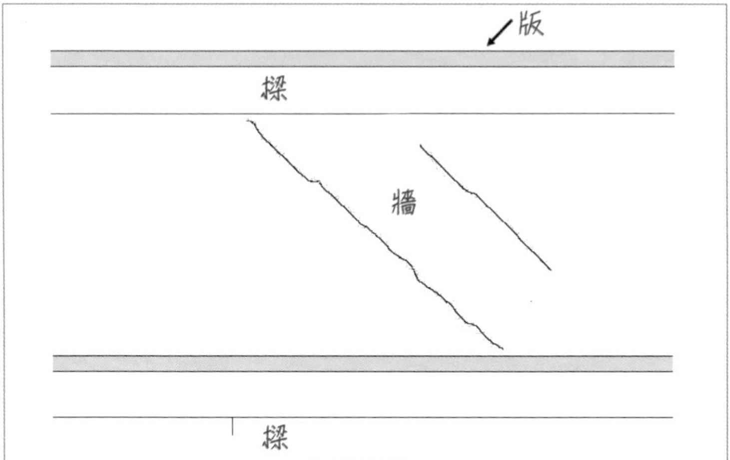

牆裂縫型態1

3，沿Y座標方向的編號爲A至E。箭頭的方向是我們看牆的方向。

當我們發現房子裡面的一片牆有圖示「牆裂縫型態1」的現象時：

表示承載這片牆的地板，左邊比右邊下沉量多。爲何如此？可以用下面的「牆裂縫成因解析圖」來進一步解析。

再繼續介紹一種「裂縫型態2」，裂縫的方向正好相反，解析成因就如上圖，只是圖上「左邊地板」、「左邊樑」、「左邊柱」變成「右邊地板」、「右邊樑」、「右邊柱」而已。

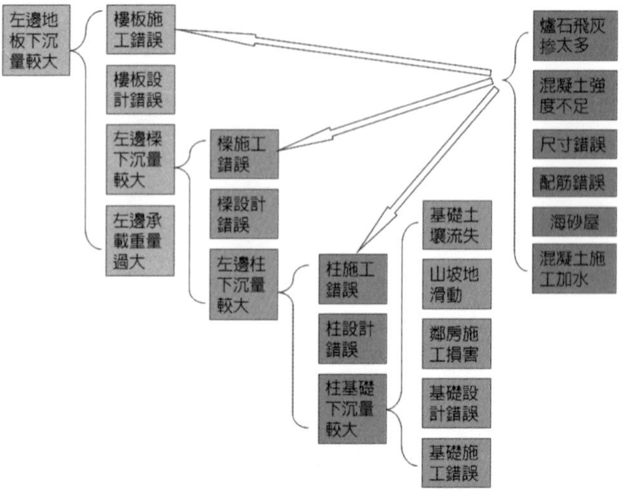

牆裂縫成因解析圖

假如我們發現牆編號1、2、3全部呈現「牆裂縫型態1」，牆柱角垂直度測量及地坪水平測量的結果向左傾斜，地面高程監測鄰近施工工地附近沉陷量增大，那麼應該就是鄰房施工損害了。這個成因的解析圖路徑就是：左邊地板下沉量較大↓左邊樑下沉量較大↓左邊柱下沉量較大↓柱基礎下沉量較大↓鄰房施工損害。這時可能還會有其他的徵兆出現，譬如樑裂縫或柱裂縫，其他樓層或相鄰住戶也應有

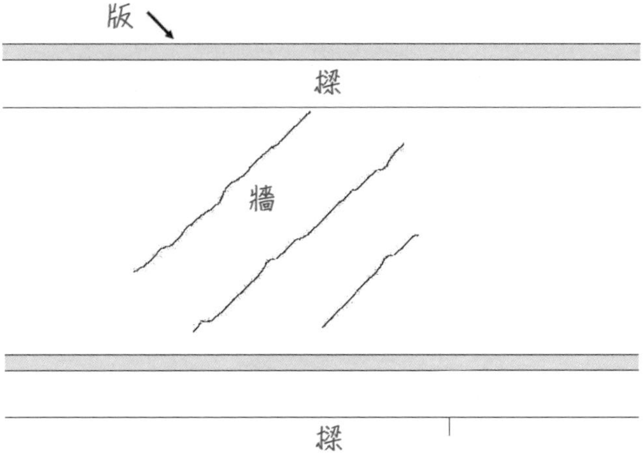

牆裂縫型態2

類似現象。

但是假如牆2裂縫如「牆裂縫型態2」，牆3裂縫如「牆裂縫型態1」，因爲牆2與牆3中間沒有柱子，所以通常是樓板或樑的設計、施工出問題，或荷重過大造成的，可以經由查設計圖、量尺寸、鋼筋掃描、混凝土抗壓強度試驗和結構分析找出癥結。這時候，可能牆E會有裂縫如「牆裂縫型態2」，牆C裂縫如「牆裂縫型態1」的情況，但是牆A、B、D、1的裂縫型態會完全不同或者沒有裂損。測量地坪時也會發現中間凹陷。

結構分析如同身體健康檢查，精密專業

房屋的損害現象當然不只這些，譬如出現類似海砂屋的裂縫現象，就必須用混凝土中性化試驗、氯離子含量測試，以及屋齡、周圍環境來研判，找出眞正的答案。

樑、柱、牆出現交叉型的現象，經過結構分析，通常能證明耐震能力是否足夠。樑、版、柱、牆，出現類似收縮裂縫時，採用混凝土抗壓試驗、孔隙率、中性化試驗，甚至用化學分析方法，可以區分出到底是混凝土施工偷加水？或是爐石飛灰粉加太多所造成？再不然，用結構分析找出其他結構性的問題。所有的鑑定方法就像身體檢查一樣，檢驗的項目愈多就愈花錢，困難度愈高的試驗費也愈貴。

某一種特定原因所造成的牆裂縫，都會有固定的型態，並且相關的牆可能因爲條件不同而沒有產生裂縫；但是只要有裂縫，裂的型態應該會指向同

一個答案，除非是複合型的損害，否則不應有相反的裂縫型態出現。因此樑、柱、牆、板的裂縫型態，是結構技師判斷房屋損害原因最原始的線索，最後，再利用第一章所提的方法再做進一步證實。

您瞧，這麼多抽絲剝繭的繁複過程，一個合格且資格老練的結構技師，豈不就像工程界的福爾摩斯一樣？

後記——資深結構技師的感慨

科技的進步日新月異，工程界對地震的行爲與材料的特性日漸明朗，同時政府的法令也隨時代更新，所以現代的房屋確實比以前耐震。而我也不是考上技師資格就具足今日的專業知識，那是經過長久的實務設計洗鍊、工地的洗禮，結構分析與設計程式撰寫，再加上承辦過許許多多曲折迷離的鑑定解謎，與多次地震災害現場細心的觀察、研究，這五種歷練相輔相成缺一而不可，經歷長久的累積才有今日的專業能力，由此可知技術人員養成不易。

人才斷層，令人憂心

但是長期以來政府的建築管理法令不利於建築師以外的專業人員培養發展，不論是相關營建的工程師們或是結構、土木、大地、機電、環工、水利……等專業技師，因執業環境差、生存空間被剝奪，整天忙忙碌碌非常辛苦。除非把工作當作興趣的人，否則不會去思考、進修，增進自己專業能力，導致整個營建產業工程品質不良，但是造成災害的原罪不應該全部由業界承擔，政府也有責任，是創造惡劣環境的始作俑者。

現今經濟不景氣，經濟型態也改變，社會環境更不利於培養優秀的專業技術人員，那將是我們累積未來災難的另一個開頭。

七〇年代的房屋偷工減料，設計偷地震力或沒做結構設計，或者根本不會設計，施工偷鋼筋、灌混凝土偷加水、做樓板偷厚度、拌混凝土用有鹽分的便宜砂。還好八〇年代只多了混凝土猛加爐石飛灰，少了海砂屋，不過還是豆腐渣工程一堆。

我最近幾次去幫人看房子，帶榔頭去敲，沒聽過聲音清脆的，眞令人擔心。

有很多人說日據時代的工程品質比現代好，這是有依據的，本書中提到七十餘年前蓋的「古蹟」，混凝土中性化的程度比近三十年蓋的還要少，我在關於橋樑中性化研究的文獻中也看到類似的報告，這好像是笑話，卻千眞萬確的，九二一地震造成重大傷亡的不也是近代大樓居多嗎？

寫到這裡，在許多好友一一退休的時候，我憂心時代與景氣的變遷，導致工程界學者、專家與業界的反淘汰，使專業技術斷層，而苦無良策。

請給願意重視結構安全的建設公司掌聲

回想那些重視結構安全的建設公司，在這種唯利是圖的商業環境，能夠不怕多花設計費，不厭其煩的討論、修改房屋結構系統的做法，眞的很難得。

除了他們知道好的房屋結構系統不但安全而且省材料；省下的錢，有時候還會超過設計費好幾倍。也因不是「一案公司」才會更加重視售後服務，產品結構系統好，可免於大小地震過後疲於奔走解釋及修復，這種好公司都不希望長久以來辛苦建立的信譽毀於一旦。

曾經有位善良的業主，請我幫忙查看鋼筋施工狀況，當我的事務所開出應改正的缺失表列後，才來沒多久又愛打混的監工竟然勸業主：趁技師不在的時候，趕快把混凝土打起來！這位監工的惡習可能是從其他工地學來的，但是從這點可以看出這個行業的情況。

技師的設計圖送出去之後，房子什麼時候開始蓋？什麼時候蓋好？設計技師通常不知道，當然更不用說施工發現問題找技師研究、或委請技師監造。但是我接觸過的某些建設公司或營造商，經常會與我討論穿樑、變更設計或其他施工技術問題，像這種業者多麼難能可貴，希望他們能繼續努力成長壯大，造福更多的人群。

北部地區

技師姓名	執業機構名稱／通訊地址	聯絡電話
曾慶正	曾慶正結構技師事務所 台北市大同區承德路3段10號3樓之3	(02)2591-0736 0935-573798
廖士木	中冠科技顧問股份有限公司 台北市忠孝東路2段94號5樓	(02)3393-6886 #226
黃昭琳	黃昭琳結構土木技師事務所 台北市文山區萬利街30巷33號	(02)2230-2114
張　宗	長茂土木結構技師事務所 台北市基隆路2段56號4樓之2	(02)2758-2901 0926-606782
倪超凡	台北市忠孝東路3段86號6樓之3	0928-231-327
林彩鳳	百輝工程顧問有限公司	(02)2309-6389
林振隆	中鼎工程股份有限公司 台北市內湖區東湖路7巷39號5樓	(02) 2632-6731
蔡東和	東建工程顧問有限公司 台北市大安區安和路1段133號5樓	(02)2755-0628
陳正平	日南工程有限公司	0933-032340
吳子良	潤弘精密工程事業股份有限公司 台北市八德路2段308號10樓	(02)8161-9999 #7440
張志斌	台灣世曦工程顧問股份有限公司 台北市松江路156巷號9號4樓	0932-035799

北部地區

技師姓名	執業機構名稱／通訊地址	聯絡電話
蔡益成	台灣世曦工程顧問股份有限公司	0921-088965
張簡榮富	富邦土木結構技師事務所 台北市內湖路1段91巷38弄1號3樓	(02)2798-5464
鍾肇滿	鍾肇滿土木結構技師事務所 台北市忠孝東路5段524巷1弄27號6樓	0920-585-039
王一航	鈺航結構土木技師事務所 台北市羅斯福路5段49號6樓	(02)8663-2632
徐德志	礪德工程顧問有限公司	(02)3365-1958
李坤昌	品創工程顧問有限公司 台北市文山區羅斯福路5段245號7樓	(02)8663-9307
林世勳	中興工程顧問股份有限公司 台北市南京東路5段171號4樓	(02)2769-8388 #20462 0910-003157
陳健信	盈佳土木結構技師事務所 台北市忠孝東路4段295號3樓	(02)8771-3131
王大衡	建業工程顧問有限公司	(02)2321-3451
黃立宗	聯邦工程顧問股份有限公司 台北市大安區辛亥路2段41號12樓-2	(02)2367-0375
梁宇宸	聯邦工程顧問有限公司	(02)2367-0375 #26

北部地區

技師姓名	執業機構名稱／通訊地址	聯絡電話
李文淵	峻國聯合工程顧問有限公司 台北市南京東路5段63號5樓	(02)2768-7080
許伯銓		0937-160-911
蔡世彬	城拓工程顧問有限公司 台北市內湖區陽光街321巷10號7樓	(02)2627-1692
吳郭森	中華工程股份有限公司 台北市民族西路225巷17號10F	(02)8787-6566
蔡秋雄	右昇工程顧問有限公司 台北市大安區羅斯福路3段335號10樓	(02)2369-3488
陳照堂	陳照堂結構技師事務所 新北市永和區中山路1段311號13樓A室	(02)2920-7856
何國彰	何國彰結構技師事務所 新北市汐止區秀山路158號3樓	0939-780839
蘇模原	震庭土木結構技師事務所 新北市三重區成功路50巷34號7樓	(02)8972-5812 0939-214900
詹尚宏	詹尚宏大地土木結構技師事務所 新北市永和區豫溪街215巷27號3樓	(02)8928-0858 0936-483650
吳志強	永安結構技師事務所 新北市中和區中和路232號5樓之3	(02)2248-2833

附　錄——結構技師會員名單

北部地區

技師姓名	執業機構名稱／通訊地址	聯絡電話
倪順隆	吉順結構暨土木工業技師事務所 新北市淡水區民權路69號18樓之4	0932-255078
張耀鴻	普丞土木結構技師事務所 新北市中和區南山路62之2號1樓	(02)2240-8818 0932-232363
余威勳		0932-208883
張衆佳	吉田土木結構技師事務所 基隆市仁愛區龍安街198巷35號六樓	0952-665380
卓建全	岑卓工程顧問有限公司 桃園縣中壢市民權路338-1號5樓	0933-946145

中部地區

技師姓名	執業機構名稱／通訊地址	聯絡電話
林育信	林育信土木結構技師事務所 彰化市中山路2段356巷2號	(04)723-4988 (04)723-1369
李仲彬	冠達工程顧問有限公司 台中市南區南門路59巷88弄7號1樓	(04)2463-7437 0932-620649
張家隆	聯英工程顧問有限公司 台中市西屯區重慶路99號10樓-2	(04)2315-3999 0916-603999
劉勇男	劉勇男結構土木技師事務所 台中市西區華美西街1段142號14樓	(04)2313-7737 0935-771539
梁淑華	正新工程顧問股份有限公司 台中市華美西街1段137號3樓之4	(04)2314-7738
劉醇儒	聯宇結構土木技師事務所 台中市西屯區河南路2段262號13樓之3	(04)2451-6558

雲嘉南地區

技師姓名	執業機構名稱／通訊地址	聯絡電話
蔡俊祥	雲林縣虎尾鎮博愛路63巷1弄8號	0921-351359
謝松林	雲林縣莿桐鄉榮村29號	0928-282678
施忠賢	施忠賢結構技師事務所 台南市歸仁區中山路3段208號	(06)239-7697
張清泉	台南市中西區中正路356號	0982-218098
陳慶輝	祥禾工程顧問有限公司 台南市北區東豐路409號1樓	(06)234-0225
王儷燕	王儷燕結構技師事務所 台南市永康區中華路578巷17-99號14樓	(06)302-0497
彭生富	高雄應用科技大學 台南市安和路1段478巷46弄14號2樓	0936-378258
張雲妃	張雲妃結構技師事務所 台南市怡東路150巷8號11樓	(06)208-7235 0963-310976

高屏地區

技師姓名	執業機構名稱／通訊地址	聯絡電話
楊澤安	楊澤安結構技師事務所	(07)390-9003 (07)677-9797 0933-635929
洪乙介	首杰工程顧問有限公司 高雄市三民區敦煌路19巷1號	(07)963-0933
洪世原	洪世原土木結構技師事務所 高雄市三民區大昌二路107-1號14樓	(07)381-7129
許崇堯	勤力結構工程技師事務所 高雄市苓雅區江都街69號	(07)224-9670

愛生活 22

這樣的房子不安全！實例解密

結構達人教你鑑定出房屋真相

作者	曾慶正 張惠如
責任編輯	曾敏英
發行人	蔡澤蘋
出版	健行文化出版事業有限公司 台北市105八德路3段12巷57弄40號 電話／(02)25776564・傳眞／(02)25789205 郵政劃撥／0112263-4
九歌文學網	www.chiuko.com.tw
排版	綠貝殼資訊有限公司
印刷	前進彩藝有限公司
法律顧問	龍躍天律師・蕭雄淋律師・董安丹律師
發行	九歌出版社有限公司 台北市105八德路3段12巷57弄40號 電話／(02)25776564・傳眞／(02)25789205
二版一刷	2016（民國105）年3月
定價	320元

書號　0207022

ISBN　978-986-92544-7-2

（缺頁、破損或裝訂錯誤，請寄回本公司更換）

國家圖書館出版品預行編目(CIP)資料

這樣的房子不安全！實例解密：結構達人教你鑑定出房屋眞相／曾慶正，張惠如著. -- 初版. -- 台北市 : 健行文化出版 : 九歌發行, 民105.03

面；　公分. --（愛生活 ; 22）

ISBN 978-986-92544-7-2（平裝）

1. 不動產業　2. 結構工程　3. 房屋建築

554.89　　105002686